精进写作

如何成为一名写作高手

弘丹 著

电子工业出版社
Publishing House of Electronics Industry
北京·BEIJING

未经许可，不得以任何方式复制或抄袭本书之部分或全部内容。
版权所有，侵权必究。

图书在版编目（CIP）数据

精进写作：如何成为一名写作高手 / 弘丹著 . —北京：电子工业出版社，2020.8
ISBN 978-7-121-39226-9

Ⅰ．①精… Ⅱ．①弘… Ⅲ．①写作学 Ⅳ．① H05

中国版本图书馆 CIP 数据核字（2020）第 122724 号

责任编辑：于　兰
特约编辑：于　静
印　　刷：三河市鑫金马印装有限公司
装　　订：三河市鑫金马印装有限公司
出版发行：电子工业出版社
　　　　　北京市海淀区万寿路 173 信箱　邮编：100036
开　　本：720×1000　1/16　印张：17.25　字数：248 千字
版　　次：2020 年 8 月第 1 版
印　　次：2024 年 8 月第 10 次印刷
定　　价：58.00 元

凡所购买电子工业出版社图书有缺损问题，请向购买书店调换。若书店售缺，请与本社发行部联系，联系及邮购电话：（010）88254888，88258888。
质量投诉请发邮件至 zlts@phei.com.cn，盗版侵权举报请发邮件至 dbqq@phei.com.cn。
交流投稿，及咨询联系方式：QQ1069038421，yul@phei.com.cn。

前 言
PREFACE

随着自媒体平台的兴起，越来越多的人意识到写作的重要性，越来越多的人加入写作的行列。写作是每个人都应该掌握的基本技能，而不是作家的专属。每个人都应该学会简洁清晰地表达自己的思想，通过写作放大自己的价值、打造个人品牌，实现个人价值增值和影响力提升，实现写作梦想。

很多人在写作的过程中，会遇到各种各样的困难，比如，害怕写作、不敢写作，或者写出来的文章逻辑不清晰、观点不正确、不够有吸引力，等等。

2018年，我出版了《从零开始学写作：个人增值的有效方法》(后面简称《从零开始学写作》)，这本书是很多人的写作启蒙书，从写作的心理层面和技巧层面深入浅出地介绍了如何从零开始学写作。我收到很多读者的反馈，他们因为看了这本书，不再害怕写作，开始真正动笔写作，也感受到写作带来的心流和乐趣，并且在写作上取得了不错的成绩，改变了自己的生活状态，还增加了收入。

这几年，我一直在持续写作，同时也在进行写作教学，对写作又有了新的认识，因此我创作了《精进写作：如何成为一名写作高手》(后面简称《精进写作》)。这本书的定位是写作进阶，它帮你进一步提升写作能力，书中我毫无保留地分享了自己在写作道路上积累的经验和总结的写作方法。这本书会是你写作道路上贴心的教练，你可以根据书中的方法，设计自己的写作成长路径，实现自己的写作梦想。

这本书系统地介绍了写作过程中涉及的各种技巧，实操性很强，看完就能运用。本书列举了上百个写作案例，手把手教你学会写作，提升写作能力，实现写作梦想。

你可以把这本书当作写作指导书，当你在写作上遇到困难时，可以翻阅这本书，学习书中介绍的方法，并运用到写作实践中去。

接下来，我详细介绍这本书每个章节的内容。

第一部分是写作基础篇：人人都能掌握的写作技巧。

第一章，我会带着大家一起重新认识写作。本章详细介绍写作的六大长期价值，如何迈出写作的第一步，真正动笔写起来，以及如何理清自己的写作目标，规划写作成长路径。

第二章，我会带着大家一起突破写作障碍。本章介绍新手作者如何走出写作的四大误区、从害怕写作到提笔就写的六大创意写作方法、大幅提升写作速度的语音写作法，以及如何进行写作的时间规划。最后，本章还会介绍利用写作的正向反馈，提高写作者的写作积极性。

第二部分是写作技巧进阶篇：从头到尾拆解文章写作技巧，成为爆款创作者。

第三章，我会详细介绍如何进行写作定位，找到自己擅长且读者爱看的写作方向；如何策划选题，创作读者爱看的内容；如何收集和整理素材，打造属于自己的素材库。

第四章，我会详细介绍如何搭建文章的结构，写出逻辑清晰的文章；如何写出爆款标题，提高文章的点击率；如何写出精彩开头，吸引读者的注意力；如何写出精彩的结尾，促使读者分享转发。

第五章，我会带着大家像编辑一样，反复修改和打磨文章。具体内容包括：正确建立把写和修改分开的修改心态；修改文章五步法，并用一个真实案例来讲解修改的过程；拆解文章三步法，把文章拆为己用。

第六章，我会跟大家介绍如何持续创作对读者有价值的内容，包括如何写出一个有吸引力的故事，如何创作出让人产生共鸣的金句，如何写干货文，以及如何突破写作瓶颈期持续创作。

第三部分是写作变现实操篇：掌握多种写作变现模式，持续提升个人影响力。

第七章，我会介绍写作带来的直接和间接变现方式，包括如何筛选合适的投稿平台，高效投稿；如何进行多平台运营，积累各个平台的个人影响力；如何通过写作打造个人品牌，实现持续变现；如何出版自己的第一本书等。

本书把写作涉及的技巧拆解开来，逐一讲解，是一本非常实用的写作工具书。在你写作的过程中，遇到任何写作困难，都可以随时翻阅。

写作是需要不断练习的。阅读本书时，一边阅读，一边练习，效果会更好。

遇到任何写作问题，也欢迎关注我的公众号"弘丹在写作"，我们一起交流。

《精进写作》会带着你在写作的道路上持续精进，助力实现你的写作梦想。

现在，请翻开书，正式开启你的写作之旅，享受写作带来的乐趣吧。让我们一起终身写作，终身成长。

自 序
P·R·O·L·O·G·U·E

人人都能学会写作，通过写作实现快速成长

你好，我是弘丹，很高兴我们因为写作而相遇，也感谢你购买这本书，跟我一起学习写作。

高中的时候，我最头疼的课是语文，写作文是我的弱项。以前，我从来没有想过，自己会走上写作的道路，甚至靠文字养活自己。

我开始写作也是机缘巧合。

2015年初，我看了朋友朱颖磊老师写的一篇文章，文中主人公想要写下自己的所想所思。我看完文章，发现自己也有"写下所想所思"的想法，却从来没有行动。

但那一次，我行动了。看完文章第二天，我就早起在书桌前写日记。每天写400字，一个人默默写了6个多月。后来我才知道一些自媒体写作平台，注册了账号，开始公开写作。

刚开始写作的第一年，写作没有带给我任何收入，积累的粉丝也不多，但这一年的练笔，让我深深地爱上了写作，就像村上春树说的，"喜欢的事儿自然可以坚持"。

我意识到很多人都有写作的想法，却没有行动。因此，我组织了免费的百日写作活动，带着大家一起写作。虽然我是个素人作者，没有知名度也没有流量，但因为这个发心，也有不少小伙伴加入这个活动。

2016年，在持续创作几十万字后，我成为简书的签约作者，这是我在

写作上的第一个里程碑事件。同年，我成为多个平台的撰稿作者，写出多篇"10万+"文章，被《人民日报》《青年文摘》《意林》和"思想聚焦""行动派"等平台转载。同时，我组织了六期免费的百日写作活动，还开设了第一期"21天爱上写作训练营"。

2017年，我收到出版社的邀请，在同年10月出版了自己的第一本书《时间的格局：让每一分钟为未来增值》(后面简称《时间的格局》)。因为写作和出书，我成为中央人民广播电台《品味书香》栏目、新精英第七届"做自己"论坛，以及《湖北之声》的分享嘉宾。

2018年，我出版了第二本书《从零开始学写作》，上市一年加印7次。很多读者跟我说，他们看了这本书之后，克服了对写作的恐惧，喜欢上了写作。

2018年，除了开设每月的写作训练营，我还开设了全年的写作社群，用一年的时间陪伴大家精进写作，实现写作目标。

2019年，我上线了一门爆款课程《18节易上手的读书写作课》，荔枝微课、千聊等平台的官方公众号多次推荐，全网销量3万多份，有很多读者通过这门课程知道了我。我也通过写作成功打造个人品牌，在全网拥有几十万粉丝，2019年的年度会员超过850人，同时在全国多个城市开设线下写作活动。

2020年，我创作了第三本书，也就是你手上的这本《精进写作》。同时，我在各大平台上线了两门写作课，销量过万份。2020年，我的年度会员达1000多人；我每月开设写作训练营，影响更多的人，让他们爱上写作、精进写作。

从2015年到2020年，我持续写作5年多，写作已经成为我的生活方式。我喜欢每天早起，坐在书桌前写作，那是属于我的独处时光，也是我一天中最高效的时间。

因为2015年一个小小的决定，我从一位普通的职场人士，变成写作教练、畅销书作者。写作也给我的工作和生活带来非常多的改变。

写作帮助我度过职业危机。

25岁,硕士毕业的我过五关斩六将,进入一家心仪的世界500强外企工作。结果入职不到6个月,部门解散,入职不到一年,公司被收购。虽然我没有被裁员,但职场的动荡带给我深深的危机感。我也亲眼见证了人到中年被裁员的无奈和艰难:上有老,下有小,背负房贷、车贷压力,还要重回人才市场跟年轻人竞争岗位。

那时候,我也害怕失业,怕找不到一份高薪的工作。写作带给我新的转机,让我开创了一份新的事业,同时也带给我底气和自信,即使被裁员也不怕没有收入。在这个快速发展的不确定时代,写作让我的内心更加安定,因为写作不受年龄的限制,只要我想写,就可以写一辈子。写作可以成为一项终身的事业。

写作也帮助我度过产后的低谷期。

30岁,我生下宝宝,经历最初几个月的幸福、紧张和忙碌后,我陷入抑郁情绪,充满了无力感,经常会莫名其妙地悲伤和难过。夜深人静,躺在床上,我问自己:"为什么会这么痛苦?"我常陷在抱怨和痛苦的情绪中不能自拔,甚至多次崩溃大哭。我的状态糟糕之极,我必须做点什么,把自己从泥潭里拉出来。

生完宝宝后,因为忙于照顾新生儿,我曾一度中断了阅读和写作。后来,我重新开始写作,从每天的自由书写开始,与内心对话。写作的过程,就是疗愈的过程。通过写作,我慢慢走出产后低谷期。

写作带给我非常大的改变,它让我的生活变得越来越好,让我找到了生命的力量,也让我活成自己喜欢的样子。

我希望有更多人通过写作改变自己的人生。这几年,我影响了几万人,他们跟我一起写作,用文字记录生活。他们中有大学生,有职场新人,有全职宝妈,有职场妈妈,有70后,甚至60后,大家因为写作相聚在一个社群。

有的学员成为"十点读书""樊登读书·一书一课""慈怀读书会"等平台的签约作者，有的学员成为拥有几十万粉丝的自媒体大咖，有的学员的文章被收录到合集出版，还有的学员出版了人生的第一本书。我先生也在我的带领下，与清华大学出版社合作，出版了一本编程类的书《React进阶之路》。

罗伯特·亨利在《艺术精神》里写道："每个人心里都住了一位艺术家，当他被唤醒时，不管他从事什么行业，都会成为独出心裁、大胆好奇并擅长自我表现的个体。"

每个人的心里也都住了一位作家，自我表达是每个人内心深处的渴求，我们都想把自己的故事讲给别人听。在忙忙碌碌的一生中，我们都有用文字记录自己的所想所思、所见所闻的梦想。你能翻开这本书来阅读，也许就源自你内心的"作家"的指引。

我们每个人都渴望被"看见"，写作就是一种"看见"，用文字记录自己的思想，讲述自己的故事，让自己的思想被更多人看到。

也许以前，你觉得写作是作家的专属，写作离自己很遥远。**但从此刻开始，请你相信，每一个普通人都能写作，写作是我们每个人都应该掌握的基本技能。**在精进写作的过程中，我们的人生也在不断精进，终身成长。

我们每个人心中都有一个写作梦，从这本书开始，实现你的写作梦想。

希望你看完这本书，无论如何都要动笔写起来，无论一开始你写得多糟糕，都要写。当你写下第一篇文章，后面的100篇也就不难了。如果这本书能帮你克服写作的障碍，真正写起来，并不断精进写作，它的使命就达成了。

你要相信，自己一定能学会写作。我自己是从零开始写作的，我的很多学员也都是从零开始写作的。我们通过努力，都在写作上取得了一定的成绩。我相信，你也可以做到。

写作是一件很小的事情，但当你持续去做，它会带给你时间的复利。让我们一起爱上写作，一生笔耕不辍，做一名终身写作者。

致谢

这本书的完成，离不开在各个方面给予我支持和帮助的人，请允许我在这里向他们表示感谢。

首先，我要感谢弘丹写作训练营的学员和"弘丹写作成长学院"的年度会员，感谢你们的支持和信任，你们对写作的热爱也深深影响了我。你们对精进写作技能的渴求，倒逼我不断总结写作技巧，也为本书积累了很多素材。

感谢我的先生，这些年一直支持我的写作事业，为家庭无条件付出。在我遇到困难的时候鼓励我、支持我，也给我勇气不断突破自我，不断成长。

感谢我的孩子，你是我的软肋也是我的铠甲。你的到来，带给我全新的生命体验，也带给我很多写作灵感。

感谢我的爸妈和公公婆婆，帮助我照顾孩子，让我有更多的时间来创作。

还要感谢我的编辑于兰老师，给这本书提出了非常多宝贵的意见，让这本书更加完善。

也要感谢本书的插画师一伊老师。为了呈现最佳的效果，她一遍遍修改书里的插画。一伊老师是一名视觉教练，服务过华为、强生、肯德基等知名企业，视觉作品超过1000个。她非常热爱写作，是我2020年的年度会员。

最后，我要感谢阅读这本书的你，感谢你的信任和支持，希望这本书能带给你收获和成长。也期待我们一起精进写作，成为一名写作高手，通过写作让自己变得越来越好。

弘丹

《从零开始学写作》《时间的格局》作者

2020年06月08日于上海

目录
C·O·N·T·E·N·T·S

第一章 **重新认识写作：
你远远低估了写作的长期价值**

1.1 **写作价值：写作带给人生的六大长期价值** 5
　　记录生活：写作让你的成长有迹可循　6
　　自我探索：与内心对话，调节情绪　7
　　思考清晰：倒逼思考，提升表达能力　8
　　倒逼阅读：提升阅读量，影响孩子阅读　9
　　创造收入：提升价值，人生多一种选择　10
　　打造品牌：放大影响力，打造个人品牌　10

1.2 **写作行动：持续行动比写作技巧更重要** 13
　　开始行动：不是厉害了才做，是做了才厉害　13
　　写作心态：接纳暂时差劲的自己，更有耐心　14
　　持续行动：相信时间的力量，持续积累　15

1.3 **写作目的：理清写作目的，规划成长路径** 16
　　写作目的：为何写作，如何实现写作目标　16
　　写作阶段：不同阶段，写作目的也不同　18

第二章

突破写作障碍：
新手作者，如何写出创意爆棚的文章

2.1 写作误区：新手作者，如何走出写作的四大误区　22
　　误区一：缺乏写作自信心而不敢尝试　22
　　误区二：过分在意他人的评价而放弃写作　24
　　误区三：想要速成，不愿付出时间和努力　26
　　误区四：认为写作仅靠灵感，而不注意积累素材　28

2.2 创意写作：六个方法，从害怕写作到提笔就写　29
　　自由写作法：挖掘写作潜力，激发创作灵感　30
　　关键词创作法：放飞想象力，激发故事灵感　34
　　看书触发法：倒逼阅读力，触发写作灵感　37
　　看图联想法：启动视觉力，联系内心情感　39
　　主题创作法：激发创意力，随时记录主题　41
　　自问自答法：借用提问力，挖掘生活素材　44

2.3 语音写作：会说话就会写作，大幅提升写作速度　45
　　随时写作：只要10分钟，你就能写作　46
　　锻炼演讲：快速组织语言，讲出有价值的内容　46

2.4 写作时间：如何从忙碌的生活中抽出时间写作　47
　　早起写作：早起1小时，高效专注写作　48
　　下班写作：提前规划，固定写作时间和字数　49
　　碎片写作：构思主题，利用碎片时间收集素材　51

截止日期：设置截止日期，提高写作效率　51
外部监督：社群监督，一群人持续写作　52

2.5　写作反馈：读者正向反馈，提高写作积极性　53
读者留言：真诚的留言，带来写作的动力　53
点评反馈：他人的点评，帮助提升写作水平　54

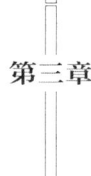

第三章　打好写作基础：
找准写作定位，提升选题和素材收集能力

3.1　写作定位：如何找到自己擅长且读者爱看的写作方向　60
定位误区：要么不知道如何定位，要么以为定位不能调整　60
写作领域：普通人容易上手的四大写作领域　62
文章类型：普通人容易上手的四大文章类型　63
自身优势：结合自身优势，寻找擅长的写作领域　65

3.2　选题能力：策划文章选题，创作读者爱看的内容　68
判断选题：三个维度，判断一个选题是否值得写　69
选题类型：三种常见的选题类型和选题方法　72
写出新意：三个方法，提升选题能力，写出新意　77

3.3　素材收集：提升搜索能力和整理能力，快速找到素材　81
筛选素材：四种方法，快速找到一篇文章的素材　81
日常积累：三种方法，随时积累直接和间接素材　84
整理素材：三步法打造属于自己的写作素材库　87

第四章 写出爆款文章：从头到尾打磨一篇爆款文章

4.1 写作结构：掌握四种结构，写出逻辑清晰的文章　93
总分总结构：开头点题，正文论述，结尾升华　93
并列式结构：并列讲述故事或论述观点　94
递进式结构：层层递进，不断深入论证　96
SCQA结构：提出问题，分析问题，解决问题　97
下笔前列大纲，写完后调结构，提升逻辑性　101

4.2 爆款标题：掌握十种标题的写作方法，提高文章点击率　102
标题作用：标题的四大作用与取标题的四大原则　103
结合热点：热点结合独特观点的取标题方法　104
带上数字：用数字凸显细节的取标题方法　105
提出疑问：提出读者关心的问题的取标题方法　106
设置悬念：通过悬念吸引读者注意力的取标题方法　107
借助名人：借助名人阐述自己观点的取标题方法　107
感人故事：浓缩故事引发读者兴趣的取标题方法　108
情绪共鸣：唤起同理心或强烈情绪的取标题方法　108
修辞手法：使用对比等修辞手法的取标题方法　109
提供福利：给读者提供好处或价值的取标题方法　109
反常理式：使用否定或者反常理思维的取标题方法　110
多种方法组合使用，打造爆款标题　112

4.3　精彩开头：掌握八种开头方法，吸引读者注意力　113

　　热点引入：开头讲述热点引入主题的方法　114

　　戳中痛点：开头戳中读者痛点引起共鸣的方法　116

　　故事引入：开头讲述故事吸引读者的方法　117

　　对话引入：开头用对话突出人物和情节的方法　118

　　场景引入：开头创造场景让人仿佛身临其境的方法　121

　　开门见山：开头直接表明观点或态度的方法　123

　　提问引入：开头提出问题引发思考的方法　124

　　反差对比：开头用反差勾起好奇心的方法　126

4.4　精彩结尾：掌握六种结尾方法，吸引读者分享转发　130

　　总结点题：结尾呼应开头升华主题的方法　131

　　金句结尾：结尾金句总结升华主题的方法　133

　　反问结尾：结尾使用反问强调主题的方法　135

　　引导行动：结尾呼吁行动激发共鸣的方法　136

　　名人名言：结尾借用名言强调观点的方法　137

　　自问自答：结尾自问自答论证观点的方法　138

　　写不出精彩结尾时的方法　141

改出优质文章：
像编辑一样，不断修改优化文章

5.1　修改心态：把写和修改分开，关闭头脑中的批评家角色　145

　　创作者角色：放飞想象力，快速创作　145

xvii

　　　　批评家角色：严格把关，认真修改　146

5.2 **修改方法：修改文章五步法，打磨优秀文章**　147

　　　　主题明确：主题是否明确，是否受读者欢迎　147

　　　　结构清晰：结构是否清晰，每部分观点是否说明主题　148

　　　　素材贴切：素材或案例是否合适，能否说明观点　149

　　　　细节修改：标题、开头和结尾是否有吸引力　151

　　　　文辞修改：段落安排是否合理，是否有错别字　151

5.3 **案例讲解：用真实案例，手把手教你修改文章**　154

　　　　修改前：标题普通，缺乏细节，多处表述错误　154

　　　　修改后：故事法标题，细节动人，表述清晰　159

5.4 **拆解文章：拆解爆款文章，快速提升写作能力**　165

　　　　拆解步骤：三个步骤拆解爆款文章，学以致用　165

　　　　总结模板：总结爆款文章的写作模板，拆为己用　170

坚持内容为王：
持续创作对读者有价值的内容

第六章

6.1 **故事写作：如何写出一个有吸引力的故事**　172

　　　　故事框架：掌握写故事的通用框架　173

　　　　故事方法：写出精彩故事的四个步骤　174

　　　　注意事项：写故事的三点注意事项　180

6.2 金句创作：如何创作出让人产生共鸣的金句　181
　　金句作用：金句的三大作用　182
　　创作方法：创作金句的十种方法　183
　　创作步骤：金句创作的四个步骤　190

6.3 干货文写作：五个步骤创作有价值的内容　193
　　文章类型：四种干货文类型，结合专业输出价值　193
　　创作方法：五个步骤，创作带给读者价值的干货文　197

6.4 写作瓶颈：终身学习，突破写作瓶颈，持续创作优质文章　198
　　突破瓶颈：掌握六种方法，助你顺利度过写作瓶颈期　199
　　创作潜力：放下失败的恐惧，相信自己的创作潜能　202
　　跨界思维：终身学习，进入新领域，持续学习新知识　205
　　取悦自己：写作者要学会取悦自己，感受写作的心流　206

第七章

写作变现：
通过写作提升个人品牌和价值

7.1 写作变现：写作带来的直接和间接变现　210
　　直接变现：写作带来的五大直接变现方式　210
　　间接变现：写作带来的六大间接变现方式　211

7.2 投稿技巧：如何寻找合适的投稿平台，高效投稿　213
　　投稿平台：结合写作定位，筛选合适的投稿平台　214

投稿格式：仔细阅读平台要求，注意投稿格式　215

7.3　多平台运营：积累各个平台的个人影响力　217
运营优势：多平台运营的三大优势，放大文章价值　218
运营策略：多平台运营的策略，提高变现能力　219

7.4　个人品牌：用写作打造个人品牌，实现持续变现　223
打造步骤：如何用五步法打造个人品牌　223
写作价值：写作如何从三个维度打造个人品牌　225
案例拆解：弘丹是如何通过写作打造个人品牌的　227

7.5　出版书籍：如何出版自己的第一本书　230
出书的意义：为什么要出版属于自己的书籍　231
出书准备：新手作者在出书前要做哪些准备　231
出书流程：出版一本书的详细流程　233

后记　237
附录　241

第一章

重新认识写作：
你远远低估了写作的长期价值

扫描二维码，关注公众号
输入"成长故事"，
获取30个写作成长故事

杰夫·贝索斯说："如果你做的每一件事，把眼光放到未来三年，和你同台竞技的人很多；但是如果你的目光能放到未来七年，那么可以和你竞争的就很少了，因为很少有公司愿意做那么长远的打算。"

对于写作也是如此，如果你的目光只是放在一两个月，你往往会比较焦虑，一方面觉得自己的写作技能提升太慢，另一方面又想着如何快速实现写作变现。

但是，如果你把写作的目光放到未来七年，十年，甚至一生，你就会更加淡定。你关注的不再是短期内的写作变现，而是长期的写作价值，以及如何持续几十年创作优质的内容。

写作拼的不是一时的阅读量，而是持久力，是看谁能长期输出优质的内容。有很多作家都是持续写作者，像村上春树、斯蒂芬·金、严歌苓、季羡林等。

如果你想成为一名写作者，我建议你先成为一名长期主义者。长期主义，顾名思义，就是要发挥时间的复利作用，持续很长时间，专注于有长远价值的目标。

为什么要成为一名长期主义者？因为任何有价值的事情，都需要花费大量的时间和精力，也需要坚持和积累。以写作为例，写作是一项技能，任何技能想要达到精通，都需要不断练习，这就需要耐心和持续力。

很多人会关心变化的东西，而长期主义者会关注不变的东西。对于写作而言，文章发布的平台是变化的，每几年就会出现新的写作平台或新的写作风向；但写作的内核是不变的，写作的核心是创作对读者有价值的内容。如果你能持续创作对读者有价值的内容，不管写作平台如何变化，你都能找到属于自己的读者群体。

长期主义者，有足够的耐心，有足够的信心。在成为优秀的写作者之前，你也许要经历一段默默无闻的时光。在那一段时光里，你付出了很多努力，忍受了孤独和寂寞，却没有取得耀眼的成绩。比如，曹雪芹写《红楼梦》用了10年，司马迁写《史记》用了18年，马克思写《资本论》用了40年，麦家的第一部长篇小说，也足足花了11年的时间。

很多人无法熬过那段沉默期，看到自己短时间内没有取得成绩或收益，就放弃了。

但长期主义者，即使短期内看不到回报，也不会太焦虑。因为他的心中有梦想，他对未来有信心，他能看到长期的价值，因此也更有耐心去等待美好的事情发生。

当你度过那段沉默期，也许就能迎来指数型的成长，就像复利曲线。人的成长也可以像复利曲线一样。

爱因斯坦说过，"复利是宇宙间最强大的力量，复利是世界第八大奇迹"。但是，即使是复利曲线，一开始的增长也是非常缓慢的，直到度过里程碑似的时间节点，才呈现指数型增长。**只有长期主义者，才有足够的耐心，度过前期缓慢的积累期，等到爆发式的增长期。**

如果你想让自己的人生像复利曲线一样指数型增长，那么你必须是一位终身学习者和终身成长者。只有这样，你的人生才会不断地向上发展，享受时间的复利效应。

终身成长者要具备成长型思维，而不是固定型思维。有固定型思维的人会认为，自己的才能是一成不变的，后天再怎么努力也没有办法提高，因此总是急于证明自己的能力。而有成长型思维的人认为，人的基本能力是可以通过努力来培养的。不管你的天赋、兴趣、能力如何，每个人都可以通过努力和个人经历获得改变和成长。

如果你是固定型思维的人，你会觉得写作是靠天赋的，会认为自己没有写作天赋，而不适合写作。如果你是成长型思维的人，你会认为，即使自己现在写得还不够好，但通过刻意练习和持续努力，自己一定会写得越来越好。所以，写作需要成长型思维。

写作也是终身学习者和终身成长者的标配。写作是一种输出，通过输出可以倒逼输入，帮助自己更快更好地学习。而持续地学习和成长，又会让自己有更多的内容可以输出，形成一个正向的循环。

终身学习和终身成长不是一句口号，而是生存的必备技能。因为随着科技的发展，人们的寿命会越来越长。《百岁人生》这本书就讨论了这个话题，在长寿时代，如果我们都将活到100岁，我们的生活和工作该怎么办？

也许五六十岁的老人要跟二十多岁的年轻人一起应聘同一个岗位。到那时候，必须保持终身学习，不断学习新技能来适应快速变化的社会。

如果你掌握了写作这项技能，会让你的人生多一种选择。写作可以成为一项终身事业，写作没有地点和年龄的限制，只要你愿意，可以一直写下去。

写作本身就是一件能够带来复利的事情，你只需要花一段时间学习写作技能，掌握之后，就可以使用一辈子。用文字记录自己的一生，把自己的人生经历，以及积累的经验分享给更多人，尤其是年轻人，这也是在为社会做贡献。

大多数人高估了一年内能做的事情，而低估了他们10年里能做的事情。也许一年内，你在写作上取得的成绩并不多，但如果你能持续写作10年，我相信你一定能取得不错的成绩，创造奇迹。

就像罗振宇说的："普通人的努力，在长期主义的复利下，会积累成奇迹。时间帮助了他们，他们成为时间的朋友。"

写作是一辈子的事情，希望从阅读本书开始，让写作成为你生活的一部分，让写作成为你的终身习惯。

1.1
写作价值：写作带给人生的六大长期价值

你为什么而写作？写作能带给你什么价值？这是每一位想要开始写作的人都要思考的问题。

写作会激发你内心的力量，帮助你找到自我价值，让你的人生多一种选择。

很多人对自己的人生不满意，想要改变自己。但改变自己不是一蹴而就的，改变是一点点发生的。写作会让我们的人生一点点变好。

我的很多学员，参加写作训练营后，人生发生了正向的改变。这些改变，是从他们早起自由写作、重拾书籍爱上阅读，一点点开始的。

为什么写作能让我们的人生一点点变好呢？因为写作会激发我们内在的驱动力。

没有开始写作之前，你可能会觉得自己过得浑浑噩噩，每天上班下班枯燥乏味，人生的热情一点点被时光消磨掉。你也可能会觉得，自己的一生也许就这样了。

当你开始写作，内心的热情重新被点燃，你会逐渐清楚自己想要什么样的人生。原本早起是一件痛苦的事情，现在却可以轻松地早起写作。持续行动带来的进步，会带给你成就感，激发你内在的驱动力，激励你一步步实现自己的目标。

写作是改变的一个支点，通过这个支点，你可以找到内心的力量，重获自信。我有几位学员，参加写作训练营重拾自信，走出舒适区，去心仪的公司面试，并成功入职。

写作还会倒逼我们珍惜时间，提高效率。当我们开始写作，会发现时间非常宝贵。成年人要从繁忙的日程中抽出写作的时间真的不容易，尤其对女性而言，如果是职场妈妈，白天要上班，下班后还要照顾孩子，几乎没有属于自己的时间。

很多职场妈妈会早起写作，有五点多就起床写作的，也有晚上在孩子睡着后写作的，恨不得把一分钟掰成两半来用。

因此，很多人开始写作之后，会特别爱惜时间。以前睡懒觉，现在早起读书写作；以前周末刷剧、打游戏，现在一有空就找素材写文章，而且会努力提高自己做事情的效率，挤出更多的时间读书写作。

对成年人来说，维持一项兴趣爱好，为梦想努力并不容易，但非常值得，就像周星驰说的："做人如果没有梦想，跟咸鱼有什么区别？"

以下我总结了写作带给我们的六大长期价值，其实写作带来的价值远远不止这些。

记录生活：写作让你的成长有迹可循

我一开始写作是为了"记录自己的所想所思"。因为这个初心，我持续写作5年多，并立志成为一名终身写作者。我写了几百万字，记录了这些年的成长，当我回看写下的文字，能够清晰地看到自己的成长轨迹。

我在2018年怀孕的时候，每天写怀孕日记。宝宝出生后，我把日记整理好做成了一本纸质书，配上宝宝的满月照，作为礼物送给宝宝。

我也曾花了十几天，每天写3000～5000字，书写自己过往的人生经历，将从记事起到小学、初中、高中、大学、恋爱、工作、结婚等节点的重要事情都用文字记录下来。

你也可以给自己写一本回忆录，记录你人生中的重要阶段。我的一位2019年的年度会员，通过自由写作的方式，写了12万字，记录跟先生从相识、相知、相恋到结婚生子这7年发生的点点滴滴，做成一本纸质书，配上照片，取名《生命之花》，作为情人节的礼物送给先生。

人的一生是非常短暂的，我们都希望在这个世界上留下自己的痕迹，而写作可以帮你达成这个愿望。生命终有尽头，而文字却可以穿越时空，写作会让你的成长有迹可循。

自我探索：与内心对话，调节情绪

《无声告白》里有句话，说："我们终其一生，就是要摆脱他人的期待，找到真正的自己。"

每个人都是世界上独一无二的个体，每个人都希望活成自己想要的样子，这是我们终其一生努力追寻的目标。

但在现实生活中，各种压力压得我们喘不过气来，我们在工作和家庭之间奔波，几乎没有自己的时间。在忙碌的生活中，我们迷失了自己，没有时间去思考想要什么样的生活。我们越忙碌，离自己的内心越远。

写作是你与内心沟通的桥梁，是一场自我探索之旅，当你书写得越多，你对自我就越了解，写作可以帮助你探寻自己的使命，逐渐活出真正的自己。

很多书里都有讲到写作的疗愈作用。通过写作，你可以倾听内心的声音，疗愈心灵。如果你长期坚持写作，就能感受到写作的疗愈作用。

写作也能帮助我们调节情绪，让我们看到情绪背后的起因。生活中，我们都会有情绪化的时候，在生气、悲伤、愤怒等情绪下做出的决定往往是非理性的。很多情绪是自动化的反应，刺激来了，我们无意识地做出了反应，事后往往又会后悔。当情绪来临时，可以先"按下暂停键"，让自己有意识地去反应这个情绪。比如，当你愤怒的时候，你可以试着坐下来，在书桌前写下你的愤怒。

写作也可以作为事后反思的工具。比如，你对孩子发火了，你可以写为什么会发火，这个事情启动了你什么情绪开关，下一次遇到这样的事情应该怎么做。

在我的写作社群里，很多学员发现，写作之后与家人的关系更好了。有一位学员以前跟妈妈在一起生活，总是很容易吵架，明明互相关心，却非要用吼叫来表达。通过半年多的读书写作，她改变了思维模式，现在跟妈妈相处得特别好。

还有个学员在50多岁时参加写作社群，处于更年期的她，跟家人的关系特别紧张。通过读书写作，她的内心变得平静，更年期的烦躁情绪也得以缓解，跟丈夫和儿子的关系都改善了。情绪的稳定，对于工作和家庭来说都是非常重要的。

▍思考清晰：倒逼思考，提升表达能力

如果你想提高写作能力，除了学习写作技巧，更重要的是提高自己的思考能力。你会发现，长期写作的人，思考能力都不会太差。

思考能力是一个人的核心竞争力。思考能力强的人，能够看到事物的内在逻辑，透过现象把握本质，这样的人在任何领域都能脱颖而出。

写作就是不断打磨自己思考能力的过程。我们的身体需要锻炼，我们的大脑同样需要锻炼。很多人会坚持锻炼身体，却很少锻炼大脑。就像王兴曾说的："大多数人为了逃避真正的思考，愿意做任何事。"这也是很多人不愿意写作的原因，因为思考并不是一件容易的事情，甚至是件痛苦的事情。

你持续写作，就是在倒逼自己思考，你会发现自己看问题更有深度了，

见解更独特了。思考能力的提升，会带给你丰厚的回报。

写作也能不断提高文字表达能力。文字表达能力是每个人必备的能力，我们每天都在用文字跟他人沟通。我们发朋友圈，我们回复邮件，我们写工作报告，等等，都是在用文字与别人交流。

不管你的写作能力如何，你每天都在使用写作这个技能。既然每天都要用，不如把这个技能打磨得更好一些，这样沟通效果也会更好。

倒逼阅读：提升阅读量，影响孩子阅读

对于现在这个快速发展的时代来说，阅读不是一种情怀，而是一种必备的生存技能。

读书和写作是不分家的，它们相辅相成。阅读优秀的作品，可以提高我们的写作能力。而不断写作，也能让我们的阅读更加深入。

在你开始写作之后，你的阅读量会大幅提升。因为写作是一种输出，你要有大量输入，才能有大量输出。如果没有阅读，写作将变成无源之水。

我的很多学员参加了写作训练营后，阅读量大幅提升，原本一年看不了几本书，写作之后，一年至少看几十本，甚至一百多本书，而且他们还会为看过的书写读后感、书评等。

我们还能影响孩子爱上阅读和写作。父母的言传身教对孩子的影响很大，如果父母在日常生活中有阅读和写作的习惯，孩子也很容易爱上阅读和写作。

在我的写作社群中，就有妈妈跟孩子一起读书写作的案例。写作对很多孩子来说是一件痛苦的事情，如果妈妈和孩子一起写作，会让写作变成一件有趣的事。

▎创造收入：提升价值，人生多一种选择

写作会给我们带来除本职工作之外的第二份收入。写作并不需要占用太多时间，每天两三个小时，持续写作，就能带来一定的收入，比如，稿费收入、运营自媒体平台的收益等。

学会写作，会让自己的工作和生活多一种选择。我的不少学员下班后持续写作，仅一年就成为多个平台的上稿作者，同时还运营自己的头条号和百家号，写作每月为他们带来几千元的收益。

还有一些学员是全职妈妈，因为要照顾孩子，没法去公司上班，而写作是可以自由安排的。她们趁孩子睡觉的时间写作，每月也有几千到上万元的收入。这份收入会让全职妈妈更有底气，增强她们的自信心，找到自己的价值。

▎打造品牌：放大影响力，打造个人品牌

我身边有很多朋友，通过写作成功打造出个人品牌，获得快速的成长和财富的增加。有的原本只是一名普通的职场人士，通过写作在互联网上打造出个人品牌，积累了十几万粉丝，收入是原来工资的10倍，甚至几十倍。

我的朋友李菁，一个80后湘西女子，她曾经是一名大学教师，现在是一个自由写作者。她出版了5本书：《见素》《当茉遇见莉》《向美而生》《你的人生终将闪耀》和《守住》。

她还是一位自由摄影师，摄影作品被选作梁实秋、雪小禅等名家著作的插画。她通过写作成功打造个人品牌，教手机摄影美学，4年多影响了1万多位女性开启手机摄影之旅。她还在家乡湘西古镇开了一家民宿，每天写作、摄影、阅读，把日子过成了诗，而她的收入是之前工资的十几倍。

第一章 重新认识写作：你远远低估了写作的长期价值

写作带来的六大长期价值

1. 记录生活：写作让你的成长有迹可循
2. 自我探索：与内心对话，调节情绪
3. 思考清晰：倒逼思考，提升表达能力
4. 倒逼阅读：提升阅读量，影响孩子阅读
5. 创造收入：提升价值，人生多一种选择
6. 打造品牌：放大影响力，打造个人品牌

我自己也是如此，原本是一家外企的普通员工，因为业余时间写作，出版了《从零开始学写作》和《时间的格局》，全网几十万粉丝，举办了40多期写作训练营，有3万多名付费学员，收入也是原来工资的10倍以上。

Tips

有专业知识又会写作的人，是非常有竞争力的，而且能创造巨大的收益。

写作特别适合成为一项终身事业，只要你能清晰地思考，还能打字或者写字，就可以创作。

很多工作是有年龄限制的，到了退休年龄，就没法继续干了。但写作没有退休一说，除非你自己停笔，否则没有人能阻挡你持续写作。

我自己非常喜欢的写作榜样人物，像彼得·德鲁克、杨绛、季羡林等，都是终身写作者，即使到90多岁，依然笔耕不辍。

对的事情，要持续做一辈子。 我希望自己成为一名终身的写作者，爱上写作，一生笔耕不辍。

Tips

我们要做一位长期思维的创作者，跟时间做朋友，不断积累个人影响力，打造个人品牌。

1.2
写作行动：持续行动比写作技巧更重要

当我们认识到写作的价值，就应该马上行动起来。但有很多人，写作只是停留在想的层面，而不愿意去做。

▎开始行动：不是厉害了才做，是做了才厉害

不管是我的个人微信号还是公众号，每天都会遇到几十个人咨询我写作的问题。他们经常会问的一个问题是："弘丹老师，我也想要开始写作，但是我很久没有动笔写了，我应该怎么开始？"

他们有各种担心和犹豫：写得不好怎么办？没东西写怎么办？写出来的文章阅读量很低怎么办？……

我们做一件事，很难一蹴而就。写作是一项技能，任何技能都需要练习，都需要经历从笨拙期到熟练期的过程。

刚才列出的这些问题，对于初学者而言，确实是存在的，但如果你不动笔写作，这些问题永远也得不到解决。只有开始行动了，在行动的过程中才能解决这些问题。

> **Tips**
>
> 想的都是问题，做才是解决方案。通过持续写作，攻克一个个难题。我们不是厉害了才做，是做了才厉害。

写作心态：接纳暂时差劲的自己，更有耐心

我的写作起步阶段，比大多数人都要慢。我一开始写作，是每天早上上班前，在笔记本上手写400字的日记。一个人默默写了6个多月，然后知道有公众号等平台，才开始公开写作。

而现在，我的写作训练营的学员，仅用一个星期，就可以从不会写作，到注册各个平台账号公开写作，成长速度是我的好几倍。

一开始写得不好，或者不知道写什么，很正常。我写这本书，就是想帮助你解决这些困难。

遇到困难并不可怕，只要我们做事情，就会遇到困难；遇到困难就放弃，才可怕，因为你在任何领域都没法积累，没法做出成绩。

看一个人的执行力是否强大，要看他在做得不够好的时候，是否能够持续去做。很多人看到自己做得不够好，就直接放弃了。刚进入一个新的领域，或者刚开始学习一项新的技能，是很难一下子就做得很好的，都需要经过一个笨拙期，可是很多人无法忍受这个笨拙期。

我们要有勇气接纳暂时差劲的自己，即使在做得不好的时候，也要持续行动，才能迎来更好的自己。

如果你没有足够的耐心度过笨拙期，你会发现，自己学习很多东西时，都容易半途而废。学习写作的时候，因为无法忍受自己一开始做得不够好，就放弃了。学习画画也是如此，学习演讲也是如此……兜兜转转，好像自己学了不少技能，但每一个技能都是半途而废。

---Tips---

对自己要更有耐心，当你有足够的耐心学会一项技能，以后就能学会第二项技能……你的人生会慢慢变好，成为你想要的样子。

持续行动：相信时间的力量，持续积累

很多人会说，等我以后厉害了，有了积累再开始写作。然后发现自己一直都处于积累的阶段，始终不敢开始写作。没有一个截止日期，也没有标准来判断自己是否已经厉害了，所以会一直拖延。

其实，不是厉害了才开始做，是做了才逐渐变得厉害。现在就开始，当你持续行动，慢慢就会变厉害。

对于写作这件事，行动比写作技巧更重要。写作技巧，通过读书很容易就能学到。但如果你只是看书，而不行动，那么你学习了这些写作技巧也没什么用。最重要的是行动，在行动的过程中，你发现自己标题写得不太好，那你就翻开这本书，学习标题的部分；你的开头写得不太好，就阅读开头的部分……这本书适合你一边阅读，一边践行写作。当你在写作的过程中遇到困难，可以随时翻阅这本书寻找解决方法。

Tips

你不需要成为专家、成为很厉害的人后，才开始行动。你要先行动起来，迈出第一步，不断践行，然后慢慢成为一个很厉害的人。让我们一起行动起来，精进写作，成为一名厉害的写作者吧。

1.3
写作目的：理清写作目的，规划成长路径

虽然我们都在说写作，但我们每个人对写作的理解是不同的，每个人的写作目的也是不一样的。

我经常收到学员的写作咨询，我通常会问他们："你学习写作是为了什么？"这个问题会倒逼他们认真思考自己的写作目的。

我的21天零基础写作训练营的第一个作业，就是让大家去思考为什么写作，以及21天的学习规划和写作时间安排，让每一位学员清晰地认识到自己的写作目的。

这是一种叫黄金思维圈的思维方式，先从Why出发，也就是想清楚自己为什么要做这件事，然后才能制订相应的方法和策略。如果只是因为别人都在做这件事，所以你也要做，那当别人放弃的时候，你是不是也要放弃？

写作目的：为何写作，如何实现写作目标

每个人的写作目的不同，制订的写作成长路径也不同。

如果你写作的目的是记录生活，你的关注点应该是如何让自己保持写作的习惯，如何随时记录自己的灵感，如何把自己的生活经历写得更加丰富多彩。

记录生活的文章也可以写得很有意思，甚至出版为书籍，比如汪曾祺的

散文，很多写的都是生活中的小事。通过阅读这些名人名家的文章，学习他们是如何写生活小事的，你的文字也可以写得更加生动有趣。我有不少学员根据生活小事或者人生经历写的散文，被收录到合集出版。

如果你的写作目的是提高工作中的文字表达能力，那么你可以多阅读提升逻辑表达能力的文章或书籍，比如《结构思考力》《金字塔原理》等；多去学习职场领域的优秀文章，看别人是怎么写的；你还可以总结职场写作的不同文体，研究每种文体该怎么写，比如公文写作。

如果你写作是为了赚取稿费，那么你要去研究，现在赚取稿费的方式有哪些，比如，写公众号文、故事文、拆解稿、听书稿、文案等；也要调研什么样的文章容易上稿，自己擅长写哪种类型的文章，哪些平台需稿量大、稿费比较高等。

你要去分析平台的要求，然后根据要求写稿、投稿。投稿时不要带着"玻璃心"，一开始被拒稿是很正常的。如果被拒稿，要多去拆解优秀的文章，使自己的写作水平不断获得提升。

如果你的写作目的是运营各个平台的账号，积累粉丝，那么你需要去了解各个平台的规则，拆解优质账号及一些爆款文章，以此确定自己账号的定位和运营方案。

如果你的写作目的是出书，那么你要去思考出版哪种类型的书籍，研究市面上同类型书籍的目录、章节和内容等。写书的逻辑与写爆款文章的逻辑是不同的，对写作者的要求也不同。

你可以看到，对于不同的写作目的，写作的成长路径是不一样的。

| Tips |

现在，请你合上这本书，找一个安静的地方，拿出一张白纸，花10分钟写下自己的写作目的，以及希望通过写作获得什么样的成长。

写作阶段：不同阶段，写作目的也不同

一个人学习写作不是只有单一的目的，可能有多重目的，比如，既想要通过写作提升表达能力，也希望通过写作获得稿费，未来还想出书。有多重目的也没问题，你可以把不同的目的组合起来，制订自己的写作成长路径。

学习写作所处的阶段不同，目的也不同。在一开始零基础时，写作的目的可能是记录生活，提升表达能力；写作一段时间之后，会想通过写作获得稿费收入，或者成为签约作者；写作一两年之后，写作目的也许就变成出版书籍或者在某个平台上积累粉丝。我们可以根据不同阶段的不同目的来制订自己的写作成长路径。

不要因为别人都在做一些事情，你也跟风去做，你不知道别人的目的是什么。比如，别人写作的目的可能是提高文章的阅读量，有更高的广告分成，所以经常写热点文章。而你写作的目的是输出对读者有价值的内容，打造自己的个人品牌，如果你像别人一样也经常追热点事件，可能就跟自己的目的背道而驰了。

不管你的写作目的是什么，写作的底层逻辑是相通的。这本书里详细介绍了各种写作技巧，基本涵盖了写作的各个方面，适合有不同写作目的的读者阅读，希望本书可以助力大家实现自己的写作梦想。

Tips

你要先想清楚自己的写作目的是什么，再去行动；确定了目的之后，要去践行，而不是停留在想的层面，行动才是关键。让我们一起开启写作之旅吧。

第一章 重新认识写作：你远远低估了写作的长期价值

写作目的不同，写作成长路径也不同

出书
1. 思考想要出版哪种类型的书籍
2. 研究市面上同类型的书籍

运营各个平台的账号
1. 了解各个平台的规则
2. 拆解优质账号及一些爆款文章

投稿获得稿费收入
1. 研究赚取稿费的渠道有哪些
2. 分析平台要求，根据平台要求写稿和投稿

提高职场写作能力
1. 多阅读职场写作类文章或书籍
2. 多学习职场领域的优秀文章
3. 总结职场写作类型
4. 专门研究公文写作

记录生活
1. 养成写作的习惯
2. 随时记录自己的灵感
3. 阅读名人名家的文章

弘丹说写作

精进写作：如何成为一名写作高手

第二章

突破写作障碍：
新手作者，如何写出创意爆棚的文章

扫描二维码，关注公众号
输入"创意"，
推荐10本创意写作书

2.1
写作误区：新手作者，如何走出写作的四大误区

很多人会跟我说："弘丹老师，我也想开始写作，但我的基础很差，我不知道能不能写。"我收到过几百条这样的私信，倒逼我去思考，他们不敢开始写作，到底怕的是什么。

其实，让他们不敢动笔写作的，是对写作认知的一些误区。只需要将这些误区纠正，他们就可以轻松开始写作。

新手作者的误区主要有哪些呢？结合这些年的写作经验和学员们的反馈，我仔细分析了一下，主要有以下四大误区：

- 缺乏写作自信心而不敢尝试。
- 过分在意他人的评价而放弃写作。
- 想要速成，不愿付出时间和努力。
- 认为写作只靠灵感，而不注意随时积累素材。

误区一：缺乏写作自信心而不敢尝试

有很多学员会问我这样的问题："弘丹老师，你觉得我适合写作吗？""弘丹老师，你觉得我能学会写作吗？"

对于新手作者来说，写作道路上遇到的第一个障碍不是写作技巧问题，而是自己能否写作的自信心问题。

很多新手作者因为缺乏写作自信心而误认为自己没有写作天赋，甚至都不敢尝试写作。所以在开始写作之前，首先要解决的是写作自信心问题。

如何解决写作自信心问题？我们可以试试以下两个方法。

第一，从内心深处相信自己肯定能够学会写作。

心理学上有一个名词叫作"自证预言"，指的是人会不自觉地按已知的预言来行事，最终令预言发生。

比如，你认为自己不是读书的料，上课不认真听，下课后也不认真做作业，因为觉得自己学了也不懂，结果考试成绩一塌糊涂。然后你对自己说："你看，我果然不是读书的料。"当你认定自己不是读书的料之后，后面的行为都是用来证明这个"观点"的，最终预言就真的发生了。

如果你觉得自己学不会写作，就会找一些例子来证明自己不适合写作，比如"我的文笔不好，学生时代写作文就很差"。即使开始学习写作了，写了几篇文章后，发现阅读量比较低，便更进一步确认自己学不会写作。

但如果你相信自己能够学会写作，你会认真阅读写作书籍，参加写作训练营的课程，并且认真地完成老师布置的作业。一开始，你的文章阅读量可能不是很高，但你会总结和分析阅读量不高的原因，并且不断练笔，提升自己的写作能力。经过一段时间的练习之后，你的文章写得越来越好，你真的学会了写作。

很多人缺的不是写作技巧，而是写作自信心。所以，我在写作的教学过程中，会给大家传递我对写作的热情，并且我深深地相信，每一个人都能学会写作。当你有了自己肯定能学会写作的信念，就敢于动笔了。

很多人在我的鼓励下，有勇气写下第一篇文章，继而写下第二篇……不断持续写作。

在内心种下"我一定能学会写作"的种子，并且不断练习，你会发现自己真的学会了写作。

第二，寻找合适的榜样激励自己前行。

有些人觉得自己学历低、年龄大，所以学不会写作。

姜淑梅奶奶原本是一个文盲，60岁学识字，75岁开始写作，80岁学画画，6年出版5本书，多次应邀做客中央电视台，被称为"传奇奶奶"。

我的一位学员酸菜鱼夫人，将近50岁才跟着我学习写作，目前已是各大平台的签约作者，通过写作获得的收入比本职工作的收入还高。

当你看到有人比你的学历还低、年龄还大，却写出了成绩，自己就会被激励，这就是榜样的作用。

很多人以为我是文科出身，其实我是工科女生。刚开始写作时，起点很低，阅读量是个位数。现在，我不仅出版了两本书，还作为写作教练，影响了很多人，使他们爱上写作。

很多人加入我的写作社群，是因为看了我的写作成长故事，发现写作并没有想象得那么难，有了写作信心，不断学习，提升自己的写作水平。

年龄、学历、不会写等都不是借口，别人能做到的，你也可以做到。

Tips

一定记住，自信是比黄金还要珍贵的品质，对于写作这件事情，这一点尤为重要。当你克服了自我怀疑、塑造了自信心，你的写作之路就成功了一半。

误区二：过分在意他人的评价而放弃写作

很多人觉得写作痛苦，是因为太在乎外界的评价。还没动笔去写，就害怕被嘲笑。就算鼓足勇气写了篇文章，一旦有人评价写得不好，就会有"羞耻感"。这就是所谓的"玻璃心"，只要听到一个批评的声音，就会很受伤，甚至放弃写作。那么，怎样克服这一点呢？

第一，直面他人的评价，克服内心的恐惧。

我们即使不写文章，也知道一篇好文章是什么样的。我们害怕自己写得不够好，会被别人评价甚至嘲笑。

但做任何事情，都要经历从做得不好到做得好的过程。如果不去尝试，我们怎么能进步呢？尤其是学习新技能，如果你要求自己不犯错，那就只能原地不动。只有通过不断试错，才能获得快速成长。

我曾经也很害怕犯错，害怕别人的评价，看到负面评价，会难过很久。现在，我不再像以前那样在意别人的评价，有勇气尝试各种事情，也能容忍自己犯错。

很多害怕的事情、恐惧的事情，都是我们自己假想出来的，不是事实。要克服这样的恐惧，就要直面恐惧。

比如，你害怕别人评价自己的文章，那你可以主动邀请别人来评价。把自己写的文章主动发给5~10位朋友阅读，看他们是否会嘲笑你的文章，或者给你差评。

当你真的去做这个尝试，你会发现根本没有那么多人来嘲笑你，你对于他人评价的恐惧都是想象出来的。还有一个现实是，大部分人都很忙，也没有时间来嘲笑你。

第二，用持续行动回应他人的嘲笑。

如果真的有人嘲笑你的文章，怎么办？这时候你需要好好核算一下继续写作带来的收益，以及放弃写作带来的损失。如果我们因为别人的嘲笑而放弃写作，3年后你除了岁数大了一些，还是一样没有成长，浑浑噩噩过日子。因为别人的评价而放弃自己热爱的事情，得不偿失。

我们回应他人嘲笑的方式，不应该是放弃行动，而应该是持续行动，用成绩来证明自己。

如果你不怕被嘲笑而继续写作，经过3年的练习，你的写作能力会有很大的提升，写作会给你带来很多收益，比如稿费收入、个人品牌和影响力等。

我刚开始写作时，也被嘲笑写作水平太差，像记流水账，但我并没有因此放弃，经过几年持续写作，那些当初嘲笑我的人，还来参加我的书《从零开始学写作》的线下签售会。

Tips

在刚开始练习写作的阶段，千万不要太在意他人的看法，更不要因为别人的评价而放弃写作。没有完美的作品，即使是著名作家写的文章，也会有褒贬不一的声音。坚持写下去，才最重要。

误区三：想要速成，不愿付出时间和努力

不想付出时间和努力，就想快速成功，也是很多人不愿动笔写作的原因。幻想着今天开始写，明天就能写出一篇好文章。如果写了一个星期，阅读量还比较低，就想放弃写作。我们学习任何技能都要有耐心，要相信时间的力量。如果你每次都是浅尝辄止，在任何领域都不容易做出成绩。

就像一个人挖井，挖了几下没看到水就放弃，换个地方再挖也是如此，结果挖了十几个坑也没见到水。而另一个挖井人，选定一个地方持续深挖，直到挖出水为止。选定一个领域，不断深耕，通过时间的积累，你终将取得成绩。

你越想速成，反而会浪费越多时间，不如踏踏实实付出时间和努力，精通一项技能，成为专家型人才。如果你没有一技之长，很多机会往往想抓也抓不住。

第二章 突破写作障碍：新手作者，如何写出创意爆棚的文章

新手作者，如何走出写作的四大误区

弘丹说写作

缺乏写作自信而不敢尝试
1. 从内心深处相信自己肯定能够学会写作
2. 寻找合适的榜样激励自己前行

过分在意他人的评价而放弃写作
1. 直面他人的评价，克服内心的恐惧
2. 用持续行动回应他人的嘲笑

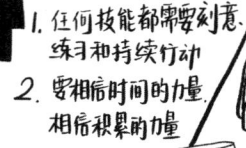

认为写作仅靠灵感，而不注意积累素材
1. 建立灵感清单，随时记录灵感
2. 及时整理读书和写作素材
3. 随时通过搜索引擎搜索素材

想要速成，不愿付出时间和努力
1. 任何技能都需要刻意练习和持续行动
2. 要相信时间的力量，相信积累的力量

> **Tips**
>
> 希望你在学习写作时更有耐心，相信时间的力量，相信积累的力量。不仅仅是写作，做其他事情也是如此。任何技能都是可以通过刻意练习提升的，写作也不例外。

误区四：认为写作仅靠灵感，而不注意积累素材

很多新手作者会误认为，写作只靠灵感，没有灵感的时候，就没东西写，有了灵感才有写作的欲望。但因为灵感迟迟不来，所以经常没东西写。

> **Tips**
>
> 专业的写作者，是不能只靠灵感创作的，而是要在平时就非常注重素材的积累。当你的素材库里有丰富的素材时，随时坐下来都可以快速写出一篇优秀的文章。

我在《从零开始学写作》这本书里，专门有一个章节介绍如何积累写作素材，这里简单介绍三个方法。

第一，建立灵感清单，随时记录灵感。

平时要做一个有心人，关注生活，热爱生活，任何能触动到自己的灵感，都要记录下来。比如，有趣的事情、别人的故事、听到的笑话、遇到的问题、网上的热点等。如果不及时记录下来，很容易忘记。

我用印象笔记随时记录灵感，这样每次写作时，就不会脑袋空空，没东西可写。

第二，及时整理文章和写作素材。

如果你在微信、微博、知乎等平台上看到好的文章，可以收藏下来。但

仅仅这样做是不够的，收藏后一定要去整理，把文章拆解，把文章中的案例、金句等摘录出来，分门别类地放到自己的素材库里。

第三，随时通过搜索引擎搜索素材。

互联网上有海量的信息，只要你会搜索，整个互联网都是你的素材库。如果你在写某个话题时，找不到合适的素材，可以直接使用搜索引擎来搜索。

当你走出写作的这四大误区，真正动笔写起来，你就会发现，学会写作真的不难，相信你会爱上写作，让写作成为你的一种生活方式。

2.2
创意写作：六个方法，从害怕写作到提笔就写

走出写作误区后，接下来要做的就是正式开始写作。可是，对很多人来说，写作不是一件容易的事情，经常绞尽脑汁也写不出文章，一提到写作就头疼。

其实，写作是一件很有意思的事，尤其是在你学会了创意写作的方法之后，你会发现，每一次写作都是从零到一的创意之旅。

Tips

创意写作主要练习的是创造性的想象力。在写作的时候，开启你的发散思维，关闭头脑中的批评家角色，让你的想象力自由翱翔。

我会给大家介绍六个非常容易上手的创意写作方法，让你迅速进入写作状态，这也是我经常使用的方法，希望对你的写作有帮助。

自由写作法：挖掘写作潜力，激发创作灵感

什么是自由写作，自由写作有什么意义？

在《从零开始学写作》这本书里，我详细介绍了自由写作法。很多读者跟我反馈，自由写作法让他们敢动笔写了，并在自由写作的过程中感受到了写作的心流。还有很多读者反馈说，他们每天都进行自由写作的练习，通过早起自由写作让自己养成了早起早睡的习惯。

我自己也经常练习自由写作。这个方法简单有效，这里我再简单介绍一下。

自由写作的英文是Freewriting，它是一种随心所欲、放飞自我的写作方法，也是国外创意写作课堂经常使用的写作练习方法，它可以训练和挖掘写作者的创作潜力。有很多著名的作家在陷入写作瓶颈期时，也会采用自由写作的方法来激发自己的创作灵感。

自由写作可以帮助新手作者克服害怕写作的恐惧。

很多人虽然想写作，但内心非常不自信，不敢动笔。而自由写作法可以帮助新手作者克服写作恐惧，自由自在地写作。

在线下写作课程中，我常常会带领学员进行自由写作练习，我会给他们5分钟时间，让他们在笔记本上想到什么就写什么，唯一的要求是不能停笔。

5分钟结束后，即使是第一次写作的学员，也能写满一页A5的白纸，甚至还有学员现场就能写出一篇优美的文章。

如果你尝试过自由写作，就会惊讶地发现其实自己挺能写的，而且会发现写作是一件特别快乐的事情，甚至后悔之前因为"害怕写作"而浪费了时光。

自由写作会上瘾，会让你爱上写作。

很多人羡慕别人什么都能写，觉得别人有很好的写作天赋，而自己没有。

其实，每个人都有写作的潜力，只要会说话就会写作。把自己的所思所想表达出来，就是一种写作。自由写作时，你可以随心所欲、不受限制地写出内心的想法。等你写完再回看，会发现自己竟然写了那么多字，表现比自己想象得好。而且，写完后你会感觉一身轻松，因为写作也有疗愈的作用。

通过不断的自由写作，你会发现，写作原来是一件多么让人快乐的事，多写几次后，你就会爱上写作。

很多人写文章时，一边评判自己的文字，一边计算字数是否达标。这样的写作是很难让人体会到快乐的。

自由写作就是打破常规写作的条条框框，让写作者遵从内心，把心底最真实的想法充分表达出来。

自由写作的规则不是束缚你的创作，而是帮助你更畅快地书写。我们一起来看看自由写作的这四大规则。

第一，设定闹钟，不停地写，快速地写。

你可以关上房间的门，关闭电脑网络，把手机调成静音，排除周围环境的干扰，为接下来的自由写作做好准备。然后打开电脑的空白 Word 文档，或者手机备忘录，或者日记本，准备开始自由写作。

首先选择一个自由写作的主题。这个主题不需要像一篇文章的主题那样，它只是作为写作的提示，在英文中称为 prompt。比如，你可以写某个地方，像家乡、办公室、父母的家等；你也可以写某种情绪，像生气、怨恨、悲伤、激动等。把选好的写作主题写在纸上或者 Word 文档里。

然后设定闹钟，开始不停地写，快速地写，把脑海里出现的念头快速地写下来。不要停下来重读写下的内容，也不要暂停去思考接下来该怎么写。

整个过程中你只做一件事，就是在闹钟响起之前不能停笔，即使你实在没东西可写，也要把当时的感受写下来，比如，"我真的没什么可写了，我到底该写什么呢？"这样写着写着，你就会有新的思路。

第二，忘记你的删除键，不要修改或删除。

即使你写出来的内容不是你原本打算写的，偏离了写作主题，但也不要删除。自由写作时，要忘记你的删除键。如果一边写，一边删除，就会打断写作思路，很容易评判自己的文字，最终导致写不下去的结果。

有的人写文章，喜欢写写停停，把之前写过的再念一遍，这是自由写作的大忌。你只要去写就好，不管之前写的什么样，都要不停地往下写，先写完再说。

第三，别担心错别字和文章的逻辑。

在写作的过程中，要把全部的注意力都集中在写作上，暂时不要去关注是否有错别字、标点符号是否正确等。即使错了也没关系，千万不要因为写了错别字或没用对标点符号而影响写作思路。这些问题，都可以等你修改时再来纠正。

也不要担心文章是否符合逻辑。自由写作是贴近内心的一种写作方式，有时候写出来的文字不是那么符合逻辑。没关系。要知道自由写作就是要"我手写我心"，就是要写出不受理性思维约束的真实文字，写出我们心灵深处真正想要表达的文字。

第四，信任你的心，写出内心深处的真实想法。

生活中，我们常常会压抑内心深处的真实想法。在自由写作练习时，你一定要完全放下自我评判，想到什么就写什么，即使有些想法看起来不可理喻，也没关系。

在写作过程中，要信任你的笔、信任你的心，把所见、所闻、所思、所想、所爱都写出来，你会发现，你写下的文字蕴含着巨大能量。

通过前面的介绍，你是不是特别想体验一下自由写作？写作一定要实操。所以，给自己10分钟的时间，来尝试一次自由写作。

Tips

自由写作的主题是非常丰富的，你可以写任何主题。比如，你可以写此刻自己的情绪、你对未来的想象、你的梦想等，或者你也可以写你为什么要学习写作。任何你想写的话题都可以成为自由写作的主题。

如果你实在不知道该写什么主题，可以尝试以下几个写作主题：

- 我为什么想要开始写作
- 五年以后，我想要成为什么样的人
- 记忆中我最难忘的一件事
- 今年我最有成就感的五件事

主题选定了，就根据刚才介绍的方法来开始自由写作吧。

自由写作有着神奇的魔力，它可以让你倾听内心的声音，带给你前所未有的顿悟。相信我，若你不断进行自由写作的练习，你一定会爱上写作。

我也建议你把自由写作融入自己的生活中。很多人会找借口说工作很忙，还要照顾孩子，根本抽不出时间来写作。如果我告诉你，只要能抽出10分钟，你就能写作，是不是顿时觉得难度降低了很多？

即使你每天都很忙，我相信你也能抽出10分钟。你可以设定一个规则，每天不管多忙，都要进行10分钟的自由写作。

自由写作时，你可能会发现你的写作速度受限于打字速度，你的脑海里有很多想写的东西，但打字速度跟不上大脑的思路。为了提升打字速度，我学习了双拼输入法，写作速度比以前更快了。

每天自由写作10分钟，感受写作带给你的愉悦。这10分钟的写作，还可以调整你的情绪，让你停下来思考。

我建议大家每天早、中、晚三个时间段，分别抽出10分钟来自由写作。利用这30分钟，说不定你每天都可以写出一篇文章来。

关键词创作法：放飞想象力，激发故事灵感

这个方法可以帮助你在写作的时候打开创意思维和想象力。你可以随意挑选几个关键词，根据关键词来创作。创作时，要关闭头脑的自我评判，放飞想象力，想法越疯狂，写下的内容越有创意。

我在自己的写作社群中玩过关键词即兴创作法。随意给三个关键词，写作者们根据这些关键词写出第一句话，然后其他小伙伴在第一句话的基础上，再创作第二句话。对每句话都进行投票，选择得票数最多的那句，在其基础上进行下一句话的创作。大家一起共创出一个非常有趣的故事。

我以写作社群共创的一个小故事为例来说明。

首先，主持人给出三个关键词，给大家30秒时间思考。三个关键词是：木梳、窗户、镜子。这三个关键词非常普通，也是我们生活中常用的东西。根据这三个普通的关键词，大家能创作出什么样的故事呢？

湛蓝天空：我拿着木梳站在窗户前，发现后面有个镜子。

晨光熹微：我站在太阳上，用木梳照着镜子梳头，不小心掉落到了大地上的窗户里。

心佳：我拿木梳梳头发，镜子掉到窗户外面去了。

杉菜少女：小女孩拿起了一把木梳，对着窗户梳头发，在镜子里看到了

妈妈的身影。

初柒：窗户前摆着一面镜子，镜子里映出木梳的影子。只见，一阵白雾散去，她变成了一个十七八岁姑娘的模样。

静水微蓝：我对着镜子梳头，后面是自家的窗户。突然发现自己拿着梳子，双脚悬空地出现在了窗外。

…………

可以看出大家的句子都非常有创意。其中，得票最高的是初柒的句子，故事的第一句话就被确定下来了。

第二句话，主持人又给出了三个关键词：时钟、开门、蛋糕。大家根据第一句话的创意以及新给的三个关键词，继续往下创作。

初柒：木梳姑娘挥了挥手，厨房里的鸡蛋、面粉立刻变成了一个精美的蛋糕，就在这时，墙上的时钟敲了12下，门开了……

心佳：时钟从墙上跳了下来，它开门出去拿了个快递，里面是一个蛋糕。

湛蓝天空：那个姑娘从窗户上跳了下来，突然听到一阵敲门声，她打开门看了看，一个蛋糕出现在门前。这时，时钟突然响了，当——

晨光熹微：时钟敲响晚上10点了，这时候他开门进来了，手里拿着一个蛋糕。

占帝佑：她飞到了伦敦，看着伫立在城市中的时钟，很想进去看看那里住着什么人，就在她即将转身的时刻，一个蛋糕从空中飞来。

…………

最后完整的故事是这样的。

初柒：窗户前摆着一面镜子，镜子里映出木梳的影子。只见，一阵白雾散去，她变成了一个十七八岁姑娘的模样。

占帝佑：她飞到了伦敦，看着伫立在城市中的时钟，很想进去看看那里住着什么人，就在她即将转身的时刻，一个蛋糕从空中飞来。

露西小鱼：咖啡滴在地上，变成一个个小黑影，它们欢快地长出绿色的翅膀，变成了香喷喷的萤火虫。

心佳：萤火虫飞到桌子上吃着苹果，苹果让它们越变越大，大到可以看书架上的小说。

麦田里的风：萤火虫飞啊飞，看到森林里有一堆热火，比台灯还亮。它们胆怯地绕火飞行，难道要飞蛾扑火吗？哦，为什么不可以？这么潮湿的天气，完全可以冒一次险，人生就应该充满冒险。

初柒：火光闪现，萤火虫们落地后变成了一个个妙龄少女，"我们，终于可以唱《浮夸》了吗？"

心佳：镜子突然出现了，它大声说道："你们这些妖怪，看我不收了你们。"一道光闪过，妙龄少女们都被镜子收进了肚子里。

是不是特别有创意？这种方法适合大家共创，会带来很多惊喜，可以作为社群的暖场游戏。自己一个人也可以用这种方法来进行创作，尤其是在故事文写作的时候，会让你的故事充满惊喜。

Tips

关键词创作法最重要的是，当你有出乎意料的想法时，不要批判这个想法，而是要在这个基础上继续创作。

看书触发法：倒逼阅读力，触发写作灵感

当你不知道写什么的时候，还有一个很不错的练习方法，这是我根据自己的写作经验总结的：随意从书架上拿起一本书翻开，阅读10分钟，立刻停止，开始写作。

我用自己的一次写作经历来说明具体如何做。

有一天，我不知道该写什么，大脑一片空白，毫无思绪。我站起身来，走到客厅的书架前，看着书架上一列列的书，我用手轻轻划过这些书。

突然，我找到一本书，它让我心动，我的内心涌起阅读这本书的冲动。我从书架上拿下这本书，是古典老师的《你的生命有什么可能》。

我拿着这本书回到书桌前，给自己定了10分钟的闹钟。我并没有从头到尾去阅读这本书，而是随意翻阅，看到感兴趣的部分，就停下来仔细读。

我翻到了这篇：《人生的四种方向：高度、深度、宽度和温度》。这部分内容特别吸引我，我静下心仔细阅读。当我在阅读时，脑海里就闪现出一个写作主题：写作其实也有高度、深度、宽度和温度这四个方向。

差不多读完这部分内容时，闹钟响了，我立刻合上书，开始写作。在阅读的过程中，我已经有了一些写作的灵感，现在需要把写作的灵感整理输出。

我先自由写作，把灵感写下来，写完之后再修改。

以下是20分钟自由写作输出的内容，写完之后又修改了两遍。

四个不同的写作方向，你最想选哪个？

古典老师在《你的生命有什么可能》这本书里，讲到人生的四种方向，分别是：高度、深度、宽度和温度。我不禁联想，写作不是也有这四个方向吗？

第一个方向，写出有高度的作品。说到高度，我们会想到世界第一高峰

珠穆朗玛峰。追求人生高度的人，希望自己站得更高，能够影响更多人。大部分的领袖、企业家、政治家是生涯高度的追寻者。他们写的作品是有高度的作品，可以影响很多人。比如，本杰明·富兰克林的《富兰克林自传》，杰克·韦尔奇的《商业的本质》等。

如果你想写出有高度的作品，一方面可以让自己变得更有影响力，写出来的作品也能影响更多人；另一方面，可以给有影响力的企业家、政治家写文章或者传记，例如，范海涛根据周鸿祎的人生经历写的传记《颠覆者》。

第二个方向，写出有深度的作品。这个方向需要在某个细分领域不断精进，追求卓越。就像是纪录片《寿司之神》的主人公小野二郎，他从年轻时就开始做寿司，一直做了60多年。

写出有深度的作品，需要在某个细分领域长期积累，三年、五年、十年，甚至几十年。你写的作品很多人不一定能读懂，但它一定是专业的，有深度的。比如，一些哲学家、科学家、艺术家的作品，像康德的《纯粹理性批判》、爱因斯坦的《非欧几里得几何和物理学》等，都属于有深度的作品。

第三个方向，写出有宽度的作品。古典老师说："生涯的宽度是指我们能够打开和做好人生中多个不同的人生角色，让它们丰富又互相平衡。"相应地，写作的宽度是指，你能够跳出固有的写作角色，尝试不同的写作风格和写作领域，体验人生百态。一个有宽度的人，写出来的作品也是丰富多彩的，从他的作品里可以读到不同的人生角色和不同的人生体验。

第四个方向，写出有温度的作品。这是我们每个普通人都可以去尝试的写作方向，用爱让你的文字更有温度。文字不是冷冰冰的字符，而是带着写作者的思想、情感和爱心的有温度的字符。我们在写作的时候，要把读者放在心里，用文字传递自己的热爱和温度，让读者在阅读我们的文字时，能感受到温暖。

写作的这四个方向，你最想选哪个呢？

看图联想法：启动视觉力，联系内心情感

这是我们上小学时就练习过的写作方法，也是创意写作常用的方法。

你可以从杂志、报纸、书籍上剪下一些图片，也可以拿自己拍摄的照片或家人的照片等，看着图片（照片）进行联想创作。可以根据一张图片（照片）进行创作，也可以根据多张图片（照片）进行联想创作。

比如，我从自己的相册里挑选了一张生日那天拍摄的照片。我看着这张照片，开始联想创作。

我用了20分钟自由写作，又花了10分钟修改，完成了以下文字。

31岁的生日，我送给自己一份珍贵的礼物

这是我人生的第31个生日。

因为疫情影响，今年的生日只有我和先生两个人过，宝宝还在老家没回上海。

早上六点多，我起床写了一篇6000字的文章，这是我送给自己的生日礼物。这个习惯已经持续了四年时间。

我把文章发布在公众号上，很多读者看了文章，给我发私信，祝我生日快乐。在我的写作社群里，大家纷纷发生日祝福，微信里的"蛋糕"图案满天飞。我感谢每一位给我送祝福的人，我接收到大家的温暖和满满的爱。

生日这天，我还送给自己一个礼物，就是第三本书的初稿。从上午一直修改到下午六点多，我把初稿发到了编辑的微信，并截图发了朋友圈，好多人点赞。

先生提前下班回家，跟我一起吃晚饭。平常他都是在公司吃，晚上十点多才下班回家。

赶在先生下班前，我稍微梳妆打扮了一下，穿上一条黑色连衣裙，戴上珍珠耳钉，化了一个淡妆。

我做了两菜一汤，这是我们的晚餐。先生下班到家，捧着一束玫瑰。我把花放到花瓶里，从冰箱拿出蛋糕。先生插上生日蜡烛，点亮蜡烛，为我唱起了生日歌。我双手合十，许了一个愿望。

先生拿起手机，给我拍了一张和生日蛋糕的合影。我很喜欢这张照片，恬淡的笑容，平静的心情，从照片上我看到了岁月静好的模样。

回想起我二十几岁的时候，心中充满了焦虑和对未来的不确定感，反而到了30多岁，我的内心变得淡定。

外在的淡定源于内心的强大。是写作，让我的内心逐渐强大。从26岁一直写到31岁，5年多的时光，写作早已成为我生活的一部分。

如今这副岁月静好的样子，是过往将近30年的努力和积累。这些年，我并非一帆风顺，背后付出的努力，曾经承受的痛苦、焦虑，鲜有人知。

我感谢那个有着顽强生命力的自己，不管在怎样的环境中，都不断努力，一点点让自己变好，一步步改变自己的命运。路遥说过，"人的生命力，是在痛苦的煎熬中强大起来的。"

在书写这段文字时，我居然有想哭的冲动，这就是文字的魅力。每一次写作，都是一次全新的探索。下笔前，很难预料接下来会写出什么样的文字。

写作就像是一场心灵冒险，写着写着，过往的人生片段，会浮现在眼前，有一些你以为早已忘记的事情，会突然记起。

每年过生日，我都会拍一张和生日蛋糕的合影，在同样的位置，差不多的动作和表情。希望这个习惯可以持续一生，用照片记录我每一年的生日，用照片记录我不同时期的模样。

希望自己在90岁的时候，翻看过往的照片，依然会回想起曾经看着这张照片写下的文字。

用自由书写的方式来写作，每一次都会有惊喜。在下笔之前，你预料不到自己会写下什么样的文字。每一次书写都是一种创造，从无到有的创造。

所以，不用担心自己没有东西可写，只要有一个引子，就能引出你无穷的创意。一张照片，就是一个引子，看着这张照片，会触动你内心的情感，会激发你的创意。你写下第一句话，就能写下第二句话，写着写着，你就能写完一整篇文章。

除了拍摄的照片，杂志上的图片、书籍里的插图、网络搜索的图片等，都可以成为你看图联想写作练习的素材。

Tips

写作时，要关闭头脑中的批评家角色，不要管心中不断冒出来的声音"啊，我不知道该怎么写""我写得好差"，这些内心的声音要屏蔽掉，你只管写，不管写得怎么样，先写下来再说。文章的质量交给修改的时候来把关。

主题创作法：激发创意力，随时记录主题

当你不知道写什么主题时，你还可以根据一些提示来创作。

有一本书叫作《642件可写的事》，这本书就是一个练习册，里面列举了642件可以写的事情，然后是大段的空白，你可以在空白的地方写下你的文字。即使每天练习其中的2个，一年的写作主题都有了。

这本书里列的一些写作主题很有意思，比如"假设你今年21岁，给女友写一封情书""写一件自己完全不了解的事，从头到尾编造""把相互厌恶的两个人一起困在电梯中12小时，会发生什么"，等等。这些主题会打开你的写作思路，也许你之前完全不会想到这样的写作主题。

这本书给我的启发是，当大脑中有奇奇怪怪的想法时，把这些想法记录

下来，说不定会是很好的写作主题。

比如，我此刻坐在书桌前写作，放飞思绪，我想到了很多可以写的主题。

- 某一天，你照镜子，发现镜子中的自己突然老了20岁，你该怎么办？
- 想象一下，某一天你成了抖音拥有1000万粉丝的网红，你会过怎样的生活？
- 如果有时光机器，能让你跟乔布斯相处一天，你会怎样度过这一天？

一旦开始想，停都停不下来，你会发现自己的创意无穷。

平常可以多做这样的练习，把这些写作主题写到卡片上，或者记录到文档里，当你不知道写什么的时候，可以随机抽取一张卡片来创作。这样，你每天都会有新的主题来写作，而且你会发现自己写下来的内容还挺有创意的。

当你看到一些好的金句，也可以将其作为写作主题。我每天都在写作社群和朋友圈中分享一张"弘丹写作成长学院日签"的海报，上面是我自己原创的金句，比如"人生永远没有太晚的开始，你也不会比现在更年轻。""生命终有尽头，而文字却可以穿越时空。"如果这些金句打动了你，你可以根据它们创作一篇文章。

| Tips

你可以给自己制作写作卡片，在卡片上写下一些写作主题或者金句，当你不知道写什么的时候，就抽取一张卡片来进行创作。

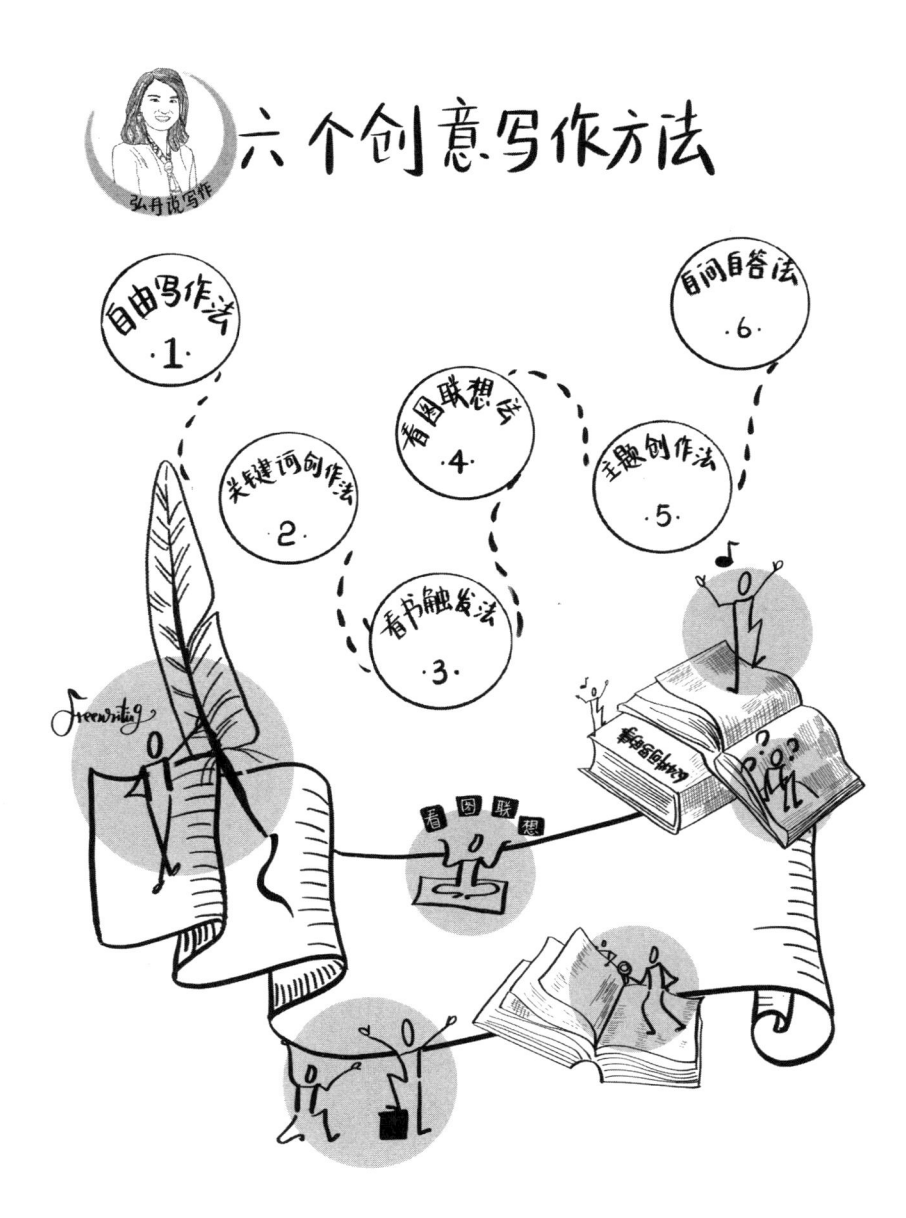

第二章 突破写作障碍：新手作者，如何写出创意爆棚的文章

六个创意写作方法

1. 自由写作法
2. 关键词创作法
3. 看书触发法
4. 看图联想法
5. 主题创作法
6. 自问自答法

43

自问自答法：借用提问力，挖掘生活素材

还有一种非常有效的写作方法是自问自答法。小孩子充满好奇心，看到什么，总会问一个为什么，家长经常被孩子的十万个为什么难住。

如果写作者拥有像孩子一样的好奇心，经常自我提问，就不会再为写作主题犯愁了。

自问自答法可以增加写作的话题和素材。我们经常说，写作要从生活中积累素材，但很多人还是为找不到写作素材犯愁。那是因为我们对生活中发生的事情都习以为常了。很多事情发生了，我们不主动去思考，自然也挖掘不到写作素材。

如果你善于提问，就能从工作或生活小事中挖掘出写作素材。假设你要离职，你可以问自己一些问题："离职的时候，如何跟同事和领导告别？""离职前，我应该办理哪些手续？""公司离职的流程是什么样的？"这些与离职相关的问题和经历就可以用来写文章，比如《怎么离职，最能暴露一个人的格局》《离职，是检验员工和老板的最好标准》等。

我们还可以总结自问自答的模板，作为自己写作的模板。不管是写文章还是讲课，我经常采用的一个模板就是黄金思维圈的三个问题：Why，How，What，也就是"为什么要做？具体该怎么做？做了能有什么收获？"

我们可以问自己这几个问题，用这些问题的回答写成一篇文章。以早起写作为例，我们可以这样提问："为什么要早起写作？该怎么样进行早起写作？早起写作能给我们带来什么收获？"回答了这三个问题，你就可以写一篇关于早起写作的文章了。

> Tips
>
> 自问自答法，还可以帮助我们挖掘更多的写作细节，让文章更加生动。

比如，你要写一篇带孩子去踏青的游记，你可以从多个角度问自己一些问题。在提问的过程中，说不定就能发现新颖的写作角度。

"一家人穿亲子装走在路上，有什么样的感受？""孩子宅在家里一个多月没出门，出去踏青时，他脸上的表情是什么样的？""孩子最喜欢公园里哪处风景，为什么？""孩子在公园里做了哪些事情，他的心情如何？"你会发现，一旦开始提问，你可以问出好多问题，同时倒逼你去回忆很多细节。可以把这些细节写到文章里，使文章鲜活起来。

创意写作的方法还有很多，因为篇幅关系，我只介绍这六种，希望对你的写作有帮助。

通过创意写作的练习，放飞你的想象力，让你的写作内容更具有创造力，同时也可以不断提升自己的写作能力。

2.3
语音写作：会说话就会写作，大幅提升写作速度

很多人把写作想得很难，总觉得自己没有写作的天赋。其实每个人都能写作，你会说话，就会写作。写作和说话是共通的，只不过说话是口头语，写作的文字是书面语。

语音写作就像说话一样，你想分享的思想和内容，用说话的方式表达出来。使用讯飞输入法，可以直接把你说话的内容识别为文字，非常便捷，准确率也较高。

语音写作的方式可以帮助你快速入门，而且，不需要你花很多时间。

随时写作：只要10分钟，你就能写作

语音写作的优势是可以随时随地写作。比如，我走在路上，有时候会拿着手机写作，上下班等车的时候，也会抓住空隙时间来写作。

一般正常人的语速约是200字/分，如果你一刻不停地说10分钟，大概可以输出2000字。使用讯飞语音输入法时，如果是连续语音输出，你可以在输入法中设置"长文本模式"，语音就不会间断。平常只要有10分钟的空闲时间，就可以用来语音写作。

说的内容跟写的内容还是有区别的，说的时候逻辑一般没有那么清晰，想到哪里就说到哪里。说话的逻辑性也是可以刻意练习的，练习一段时间后，你就可以做到用语音写作的方式来写初稿。

我经常用语音写作的方式来写自己的复盘，比如，做了什么事情，有哪些收获，哪些地方可以做得更好。曾子说"吾日三省吾身"。每天要多次反思和复盘，如果用打字的方式，可能要花很多时间，而用语音写作的方式，每天早、中、晚抽出三段时间来复盘，每次花5分钟即可。因为这部分内容是写给自己看的，实在没有时间的话，写完可以不用修改。

锻炼演讲：快速组织语言，讲出有价值的内容

看完一本书，我会用语音写作的方式，复述书籍的核心内容，以及看完这本书的收获，这样既可以锻炼演讲能力，又可以做读书笔记，还可以成为写作的素材。

当我有写作灵感而不方便坐下来写时，我也会先用语音的方式记录下来。我每天都会进行语音写作，速度快，又方便，可以随时随地进行。

用语音的方式来写作，修改的时候可能会花更久的时间，因为其中会有

一些口头禅，而且比书面语啰唆。如果公开发布，还需要好好修改才行。如果你只是写给自己看，不修改也行，只要自己看得懂就可以。

我经常讲课，语音写作也是我锻炼演讲能力的一个途径。给自己一个话题，快速组织语言，讲出有价值的内容。通过一段时间的练习，我可以做到随时给我一个话题，就能讲出一二三点来；做直播时，我可以连续讲两个小时的干货内容。

我推荐你也试试语音写作，一方面可以让你快速入门写作，另一方面，还可以锻炼你的表达能力。不管你做什么工作，沟通和表达能力都是核心能力，这方面的能力提高了，你将获益良多。

如果统计我们每天的时间，你会发现浪费了很多个10分钟，刷微信，看朋友圈……如果用这些时间来写作，日积月累，会带给你巨大的改变。

| Tips |

没有时间，只是一个借口，再忙也能抽出10分钟。关键是要持续写，经年积累，写作带给你的收获会远远超出你的想象。

2.4
写作时间：如何从忙碌的生活中抽出时间写作

学习写作的很多都是职场人士，有着自己的本职工作，还有人是宝妈，除了工作还要带娃，大家面临的一个现实问题是：没有时间写作怎么办？

如何才能从忙碌的生活中抽出时间来写作？如何提升自己的写作效率？我相信这是很多写作者亟须解决的问题。

早起写作：早起1小时，高效专注写作

作为职场人士，我们能掌控的时间只有上班前和下班后。我推荐早起写作。因为早起写作有很多优势。早起的时间是可控的，早晨也是大脑在一天中最清醒的时候，人的精力也最充沛，写作的效率自然也高。

我就是早起型写作者，每天清晨六点起床，简单洗漱后就开始写作，通常写2个小时，8点吃早餐，然后上班。日复一日，这个习惯保持了近3年。不要小看这每天的2小时，如果以1小时写1000字来计算，一年就可以积累73万字，相当于三四本书的内容。

童话大王郑渊洁一个人写一本杂志，坚持了近40年，靠的就是早起写作。他每天四点半起床，写2个小时就把全天的任务完成了，白天没有任何负担，可以做其他自己想做的事情。

要做到早起写作，首先要做到早睡。无论多忙，都不要压缩睡眠的时间。只有早睡，才能保证第二天早起以充沛的精力写作。而且完成写作任务之后，还可以在家锻炼10~20分钟。如果长期写作而不锻炼，也是对身体的一种透支。

那我们如何做到早起高效写作呢？

一是比平时早起1小时，在安静的空间里写作。

如果要在上班前写作，你需要比平时早起1个小时。如果你9点上班，可以7点起床，写作1小时，然后吃早餐，去上班。此外，写作需要集中注意力，最好找一个安静的空间，避免他人打扰。如果你有独立的房间，可以关上房门，给自己创造良好的写作环境。

二是远离手机，保护自己的专注力。

很多人起床后的第一件事就是打开手机看微信，但这样做会吞噬你的早起时间。本来只想看看是否有新消息，但看到新消息你需要回复，你也有可

能被新推送的公众号文章吸引,开始阅读。当你猛然醒悟真正要做的事是写作时,时间已经流逝了大半。

也不要阅读邮件。因为你一旦打开邮箱阅读邮件,就会直接进入工作模式。你早起的时间不是用来写作而是用来工作了。

我们要克制这些消磨时间、转移注意力的行为。

三是设定倒计时闹钟,快速高效写作。

写作时,可以设定倒计时闹钟。比如,30分钟倒计时,要求自己在30分钟内写完1000字的文章。

设定倒计时闹钟,能强制自己不拖延时间,写作时也不会坐在电脑前不知道该写什么。这样持续高速练习,会大幅度提升你的写作速度和思考速度。对于工作和生活都有非常大的帮助。

此外,设定倒计时闹钟,也预防了因为写作而导致上班迟到的情况发生,避免写着写着忘记时间。闹钟响,无论写得多嗨,都应该停笔。停笔前,可以先把写作思路快速记录下来,等有时间的时候继续写。

▎下班写作:提前规划,固定写作时间和字数

如果你早上怎么都起不来,那就选择下班写作。下班写作,时间和精力的管理比早起写作更具有挑战性:你可能太忙了没有时间写;或者,上了一天班很累,下班后还要照顾孩子、收拾家务,实在没有精力写;下班后还有各种娱乐诱惑,像看剧、逛街、跟朋友聚餐,等等。

上了一天班,下班后还要写作,确实比较辛苦,但写完一篇文章带来的满足感足以抵消一天的劳累。而且看到自己写的文字能影响更多人,内心也充满成就感。

如果你选择下班写作,以下是我的一些建议。

一是要提前规划，预留晚上的写作时间。

凡事提前完成，不要被截止时间追着跑，尤其是工作上的事情。如果工作都做不完，要加班加点，那就更没有时间来写作了。每天早晨起来列好今日的TO DO LIST（工作清单），提前完成它，并预留晚上写作的时间。

我有每日列工作清单、记录时间消费的习惯，而且已经坚持了7年。一开始用印象笔记记录，每天在一个文档里列下今天做了哪些事情，分别用了多少时间。现在我使用日事清来记录，不仅可以管理日程，还可以随时记录写作的灵感和素材。

二是固定写作时间和写作字数。

晚上的时间很容易受到干扰，如果我们想要持续写作，可以固定写作时间和写作字数，比如每天晚上8点到10点写作，每天写1500字。

到了设定的时间，即使在忙其他事情，也必须要放下，立刻进入写作状态，同时要屏蔽干扰，关闭社交软件，专注写作。当你养成习惯，写作就不需要靠意志力坚持了。

三是设定例外情况。

下班后的时间毕竟存在很多不可控的情况。你可以设置一些例外，在某些情况下，免除写作任务，这样有助于减轻心理的负疚感。

关于下班写作的精力管理，我有以下几点建议。

一是写作前，可以做15分钟运动或冥想。

上了一天班，不管是身体还是心理都比较疲惫，而写作又是需要耗费精力的。所以我们在写作之前，可以做10~15分钟的运动，恢复自己的精力。如果你不想运动，也可以做10分钟的冥想，让自己的内心安静下来。

二是不要写作到深夜，或者经常熬夜。

这一点要特别注意，毕竟第二天还要上班，长期熬夜会影响做本职工作的效率。所以，一定要提前做好当天的写作安排，尽早完成写作任务。

碎片写作：构思主题，利用碎片时间收集素材

除了用大段的时间来构思创作，还可以利用碎片化的时间构思主题和收集素材。并不是坐在电脑前打字的时候才叫写作，写作更重要的是思考。写作的人应该花80%的时间来思考，再花20%的时间把思考的内容写下来。

写作时，可以先构思好写作主题和写作大纲，利用碎片化的时间来创作。比如，我要写一篇关于时间和精力管理的文章，可以先列出框架：为什么要管理时间和精力？如何管理时间和精力？……列出框架后，就可以利用碎片化的时间来思考和收集素材。

写作之前的思考是随时都可以进行的，做一些事务性的事情，比如洗衣服、做饭的时候，你就可以开始构思今天要写的文章主题是什么，有哪些素材可以用。

Tips

有些时候，不知道该写什么主题，可以去看下微博热搜、知乎的高赞回答等，以此筛选你比较有感触的主题来写作。想好主题后，可以利用碎片化的时间来收集素材。也可以通过搜索引擎搜索写作素材，或者在阅读公众号文章时，收集一些写作素材。

截止日期：设置截止日期，提高写作效率

如果你想提高写作的效率，还有一个非常重要的习惯，就是设置截止日期。有句话叫作"截止日期才是生产力"。如果你不设置截止日期，你会发现，自己写文章总是拖拖拉拉。

以我写这本书为例，一开始我写作也是拖拖拉拉的，直到编辑给我设定

交稿截止日期，我才意识到时间有点紧，于是推掉了各种事情和安排，屏蔽外界干扰，集中注意力写作，效率提高了好几倍。

我们平时写作也可以给自己设定截止时间，比如，30分钟内要写出1000字的文章。当你确定了这个目标，就会非常专注，像百米冲刺一样全力以赴写作。你还可以不断缩短自己的写作时间，比如，下次设定20分钟来写完1000字的稿件。通过不断的练习，你的写作速度会提高很多。

Tips

人都是有惰性的，如果没有截止日期卡着，做一件事可能会无限拖延下去。所以，为了提高写作效率，一定要给写作设定截止日期。

外部监督：社群监督，一群人持续写作

写作仅靠自己一个人的自律是比较难坚持的，你可以寻找外部监督。

我身边有朋友就在使用这种方式，他会邀请好朋友来监督自己，只要有一天没完成，就发200块钱的红包。为了不发红包，他坚持日更。结果，他真的一次红包都没发。

人都是有惰性的，没有外部监督，很容易放任自由。 有外部的监督机制，在我们偷懒的时候，能够倒逼我们行动，激发我们的潜能。

加入写作社群也是一种方式，因为社群里有老师的指导，有小组的监督机制，有优秀学员的经验分享，这些都可以激励和监督你写作。

我的"弘丹写作成长学院"就是这样的写作社群。有很多写作者通过社群监督的方式，持续日更，在写作上取得了不错的成绩，比如，获得"青云计划"、公众号上稿、头条签约、出版书籍等。有些写作者已经持续写作好几年，通过写作改变了自己的人生。

我的写作社群里，还有不少退休的60后，他们的学习劲头一点也不比年轻人差。通过社群，他们学到了很多新知识，让自己的退休生活过得充实而丰富。

一个人可以走得很快，一群人可以走得更远。跟一群热爱写作的人一起，在写作的道路上持续前行吧。

2.5
写作反馈：读者正向反馈，提高写作积极性

写作对很多人来说，是一件痛苦的事情，尤其是对小孩子。如何让孩子爱上写作？刘润老师分享过他家11岁娃爱上写作的经历。

刘润老师给儿子开了一个公众号，从此儿子就开始主动写文章。因为他知道自己的老师、朋友、家人，甚至陌生人都有关注他的公众号，他意识到很多读者都在等着他的公众号更新，因此有了责任感，更加积极主动写文章。而且，他的读者还会给他正向的反馈，比如，给他的文章留言，鼓励他持续写下去等。**收到的正向反馈越多，写作的积极性就越高。**

▎读者留言：真诚的留言，带来写作的动力

读者真诚的留言是一种正向的鼓励。我每年生日都会给自己写一封信，2020年生日那天，我从早上六点半一直写到九点半，花了整整3个小时，写了6000多字。这篇文章发出去之后，我收到了100多条留言，有生日祝福留言，还有被这篇文章打动写的留言，有读者说看这篇文章时哭了。

这些留言就是正向的反馈。我在阅读大家的留言时，被深深感动，更加坚信文字是有生命的，要认真对待每一次写作，要持续输出有价值的内容，通过文字影响更多人。

> **Tips**
>
> 我们是写作者，同时也是读者，当我们在阅读别人的文章时，也要积极留言，给予他们更多的正向反馈和鼓励，这样也可以激励写作者在写作的道路上走得更远。

点评反馈：他人的点评，帮助提升写作水平

在我开设的写作训练营中，学员们不仅能学到写作方法，他们写的文章还会得到一对一的点评。点评是课程设计里非常重要的环节。每个人写的文章，都希望被别人看见，点评老师是学员文章的第一位读者。点评老师会给学员的文章提出详细的修改建议。很多学员刚参加课程时，还是不知道怎么动笔写作的"小白"，但通过训练营的学习和点评老师的反馈，他们的成长速度非常快，通常一到两周，就能写出一篇质量比较高的文章。

我的写作社群专门开设了点评大本营，培养优秀的点评老师，比如，酸菜鱼夫人、林希言、跳跳妈、苏陶之、米饭、四夕、小葵、睿姐、麦冬、付美娟、敏敏、福福等。

我在培养点评老师时，一直跟大家强调，一定要呵护写作者的写作热情和写作初心。点评时，首先要看到文章的亮点，对写得好的地方给予肯定和鼓励。

每个人的写作都是逐渐提高的过程，很难一开始就写出优秀的文章。如果一位写作者刚开始写作，我们就用非常高的标准去评判，指出这也写得不

好，那也写得不对。写作者看到评语，会备受打击，认为自己写得太差了，甚至没有勇气写下一篇文章。

每一篇文章都是有亮点的，每一篇文章都是写作者思想的结晶。每个人都希望自己的文章被看见、被认可。点评老师最重要的是寻找文章的亮点，给予鼓励，同时也给出专业的修改建议。通过点评老师的点评反馈，写作者的写作水平会提升得更快。

这种作用是双向的，点评文章也使点评老师更容易持续写下去。因为他们有一个全新的身份——点评老师，所以他们会以身作则，持续写作。而且，在点评文章时，他们经常会被文章感动，被写作者的热情感染，自己的写作热情也被进一步激发。

这就形成了一个正向循环，写作者和点评老师之间互相激发，互相鼓励。因为正向反馈，大家的写作热情更高了。

写作是一件孤独的事情，靠自己的毅力持续写作，难度是比较大的。当你加入一个写作社群，跟热爱写作的人一起，写作也将变得轻松有趣，不那么难了。

当越来越多的人加入写作的行列，持续写作，我们就是在为这个世界做贡献。

每个人都有利他精神，都希望自己能够对他人产生影响。若自己写的文字能给读者带去价值，我们的内心将充满成就感，即使这些文字不能带来金钱上的回报，我们也会非常开心。

| Tips

就像《成为作家》中写的那样，"我们每个人能够做的贡献只有一个：能够为人类普遍的经验之池注入我们从各自角度看世界所得到的点滴体会。从某种意义上说，每个人都是独一无二的。"

精进写作：如何成为一名写作高手

第三章

打好写作基础：
找准写作定位，提升选题和素材收集能力

扫描二维码，关注公众号
输入"素材"，
获取10个写作素材

自媒体写作是一种公开写作，我们在下笔之前，需要了解我们的读者，写对读者有价值的内容。也就是说，我们在写作的过程中要有读者思维，要站在读者的角度来思考。

在互联网产品设计中，有一个重要的思维是用户思维。我们在写文章的时候，也要有用户思维，或者叫读者思维。

作为一名写作者，要在作者思维和读者思维之间找到一种平衡。我们写的文章，既能表达自己的心声，也能为读者发声。写文章，不是单向的表达，而是通过文字与读者交流。既然是一种交流方式，就要了解对方的需求和对方感兴趣的事情，这样的交流才能顺畅。

> **Tips**
> 读者思维的核心是要抓住特定读者的痛点，满足他们的需求，为他们发声，写他们关心和感兴趣的内容。

有一句话是这么说的："你有能力理解多少人，就最多能拥有多少读者。"我们的作品其实都是写给特定读者群体看的，因此要站在读者的角度思考，他们有什么痛点，他们希望看到什么样的内容，你的文章能给他们带去什么价值，解决他们的什么问题。

比如，你的定位是职场作者，你的读者群体是职场新人，那围绕职场新人关心的话题，像如何升职加薪、如何高效跟老板沟通等，就是你的读者感兴趣的主题。

如果你的定位是情感博主，你的读者群体是少男少女，那么情感、婚姻、家庭等主题，你的读者就会比较感兴趣。

我自己的定位是写作教练，我的读者群体是对写作感兴趣的人，那么与写作相关的主题，像写作技巧等，就比较受他们欢迎。

写作也要做读者调研。你越了解读者，写出来的文章越能打动读者。在你确定了目标读者群体之后，你可以长期专注于研究这个群体的痛点，围绕他们的痛点进行创作。

你在公众号上发文章，那么后台的数据统计，像女性读者和男性读者的比例、读者所在城市等，都可以用来勾勒你的读者画像；或者根据每篇文章的阅读量，来分析读者对哪些主题更感兴趣。

以我的公众号读者群体为例，公众号后台的数据统计显示，女性读者占比67%，男性读者占比33%；26～35岁的读者占比47.8%，36～45岁的读者占比25.1%。

我在公众号上的一篇文章《40岁的我，靠读书写作自救，走出中年危机》，阅读量比其他文章更高一些。为什么？我的公众号名称是"弘丹在写作"，定位是分享与读书写作相关的内容，而这篇文章的主题与读书写作相关，正是我的读者群体关心的话题；标题点出"40岁"，与30～40岁这个读者群体吻合，这也是我公众号里占比较大的读者群体。我们写的文章是读者关心的，读者点开阅读的概率也就会更大一些。

Tips

你可以平时多看看你的读者发的朋友圈，了解他们的日常生活，以及关心的话题。你越了解读者的痛点和需求，写出来的文章就越能引起读者的共鸣。

了解读者群体后，如何快速创作出一篇优质的文章？在写作时依循高效写作六步法，即使是零基础的写作小白也能爆发超强的写作力。

高效写作六步法是：第一步，明确写作目的；第二步，构思和策划选题；第三步，收集和筛选素材；第四步，搭建文章结构；第五步，快速写初稿；第六步，反复打磨和修改。

根据这六个步骤来创作，形成固定的写作流程，写作效率会更高。这六步法中涉及的写作技巧，我会在本章及后面的章节中详细讲述，大家可以先了解这六个步骤，掌握一篇优质文章的写作方法。

3.1
写作定位：
如何找到自己擅长且读者爱看的写作方向

写作是需要定位的，垂直领域的内容更容易让读者记住，并且也更容易在平台上积累粉丝和扩大影响力。

定位误区：要么不知道如何定位，要么以为定位不能调整

找到适合自己的定位比较重要，这样可以在某个领域深耕。在讲具体的定位之前，先澄清写作定位的两大误区。

误区一：不知道自己擅长写什么，干脆不写了。

有些写作者意识到写作定位很重要，所以开始寻找适合自己的写作领域，但找了一圈后，发现自己这个也不擅长，那个也不会写，于是失去信心，最后干脆不写了。

寻找写作定位不是一步到位的。我们可以分两个阶段来进行。

第一个阶段是探索期，就是要多尝试。

只要自己能写的，不管是情感、职场、育儿、个人成长等，都去写一写

试试。在写作的过程中，看自己擅长哪个领域的内容，并且分析哪个领域的文章阅读量比较高。

第二个阶段是找准垂直领域，持续产出优质内容。

经过第一个阶段的探索之后，我们逐渐清晰自己擅长写什么类型的文章，在哪个领域有比较多的素材可写。然后选定某一个领域，比如情感领域或育儿领域，持续创作优质文章，打造在这个领域内的个人影响力。

误区二：确定好写作定位之后，不能修改。

有些人选择写作领域很慎重，觉得选定了领域之后就不能修改了。

其实，写作定位是可以灵活调整的，你可以根据市场的需求来调整。比如，听书稿需求量比较大，你可以去尝试写听书稿；亲子文需求量比较大，同时你又感兴趣，你也可以尝试写亲子文。写作定位可以随着你的成长或者身份变化而改变。比如，我刚开始写作时，主要写个人成长和职场类的文章。现在我当了妈妈，也逐渐开始写育儿类的文章。

确定写作定位时，主要考虑两个因素：一是市场的需求，二是自己擅长的领域，选择市场需求大，同时也是自己擅长的领域和文体来写作。

写作的领域有很多，我们在注册头条号时，可以选择的领域就有几十个，比如历史、文化、科技、教育、情感、时尚、育儿、职场、摄影、体育等。

| Tips |

每个人的背景不同，专业不同，写作的积累也不同，因此选择的写作领域也不同。我们可以结合自己过往的积累以及擅长的、感兴趣的内容，来选择写作领域。

如果你想了解不同领域内比较优秀的作者，可以去新榜上看看不同领域的优质账号。百度搜索"新榜",打开新榜的排行榜页面,你可以看到微信、微博、头条号、抖音号等不同平台,同时也可以看到不同领域,比如文化、情感、科技、职场、教育等,每个领域都有日榜、周榜和月榜。

比如,我们查看微信平台情感领域的月榜,在2020年的3月份,上榜的公众号有夜听、少女兔、李月亮等;头条号的情感领域,某一天登上日榜的账号有绍明伊文、她刊、张德芬等。

写作领域：普通人容易上手的四大写作领域

我简单介绍四个写作领域,这也是普通人比较容易上手的写作领域。

一是情感领域。

情感类文章受众群体多,容易引起读者的共鸣,写作的题材也非常广泛,比如爱情、亲情、友情、家庭、婚姻等都属于这个领域。情感是每个人人生中非常重要的一部分,而且每个人都有相关的素材可以写。比如,恋爱经历、婚姻生活、人情故事、同窗友情等。情感领域的读者以女性为主,尤其是20～40岁的女性。

情感领域是一个非常大的写作领域,优秀的作者也比较多,比如张德芬、李月亮、少女兔,等等。

二是职场领域。

职场领域也是受众比较广的一个领域,毕竟大部分人都需要通过工作来养活自己和家庭。职场领域的写作题材比较丰富,比如职场技能类,像秋叶PPT;职场求职类,比如智联招聘;职场能力提升类,比如插坐学院等。职场领域的读者以职场人为主,尤其是刚工作1～5年的职场新人。

三是育儿领域。

现在人们越来越重视孩子的教育,在教育方面的投入越来越多。宝妈是一个庞大的群体，不管是全职妈妈还是职场妈妈，对孩子成长方面的关注都比以前要用心。所以，育儿领域的文章也有很大的需求量，该领域存在很多优秀的账号，比如年糕妈妈、常青藤爸爸、凯叔讲故事等。

四是文化领域。

文化领域的范畴比较广，涵盖历史、读书、思想、小说、艺术等。文化领域的大号，像洞见、十点读书、慈怀读书会、有书、读者、意林，等等。我自己的公众号"弘丹在写作"也是文化领域的账号，主要分享与读书、写作、个人成长相关的内容。

其他的领域也有不少，像娱乐、时尚、美食、旅游、科技等，你可以参考新榜的榜单，筛选出感兴趣的领域的优质账号和优秀作者，及其文章，看自己是否擅长写相关领域的文章。

文章类型：普通人容易上手的四大文章类型

说完了领域，我们再来说文章类型。不管是情感领域、职场领域，还是育儿领域和文化领域，都有一些常见的比较受读者欢迎的文章类型。在这里给大家介绍四种普通人容易上手的文章类型。

一是干货文。

现代社会生活节奏快，人们对自己的要求越来越高，想学习各种各样的东西，所以对干货文比较感兴趣。

干货文通常会介绍一些新的知识或者一些实用的方法，解决读者的实际问题。我就挺喜欢写干货文的，也写过不少干货文，比如《如果你想提高写作能力，我推荐这7本书》《每天10分钟，轻松提高深度思考能力》《坚持一个习惯3年，人生会发生什么样的改变》等。

干货文的写作难度相对来说不是特别大，只要你能够用简洁清晰的文字把一件事讲清楚就可以。干货文的写作要求是逻辑清晰、方法实用、内容有价值。写干货文，逻辑比文笔更重要。

比如，你看到我的文章《想从零开始写作，5个方法让你轻松入门》时，正好也想从零开始学习写作，那么你就可以学习文章中的方法，并用它来解决你写作中遇到的现实问题。

而且，干货类的文章，收藏量也比较高。大家看到自己感兴趣的干货类文章，就会收藏起来。比如，我在头条号发的《那些写作能力出众的人，都在用这6个写作结构》，阅读量只有2628，收藏量竟高达638，转发276次。

写干货类的文章，一方面可以提高自己的思考能力和总结提炼能力，另一方面，还能给读者带去价值，吸引精准的读者群体，是一种比较容易上手的文章类型。

二是故事文。

爱听故事是人的天性。不管是孩子还是大人，都喜欢听故事，故事文总是能吸引我们的注意力，引发我们的思考，调动我们的情感。故事文是永恒的一种文章类型。

很多公众号或其他平台以故事文为主打，深受读者的喜欢。比如，公众号"真实故事计划"，主要写一些真人真事，像《一个小镇孩子的北京艺考路》；我们熟悉的《知音》《莫愁》这类杂志，文章类型也主要以故事文为主。

不管是传统的纸媒，还是现在的自媒体平台，故事文都是经久不衰的文章类型，如果你也会写故事，可以尝试一下故事文写作。

三是情感美文。

情感美文也是很多人喜欢阅读的一种文章类型。这类文章可以引起我们的共鸣，戳中我们的痛点，让我们哭，让我们笑，让我们的心情跌宕起伏，忍不住转发朋友圈。

情感美文可以写爱情、亲情、友情等方面的内容，这些文章总是能触动我们内心最柔软的地方，比如《婚姻9个字：慢慢熬，糊涂过，用心疼》《最好的情绪，要留给最爱的人》《愿有人视你如命，宠你入骨》等。

这种类型的文章，读者以女性群体为主。女性的情感细腻，更容易被触动。而且，女性在写情感美文这类文章时也有天然的优势。

四是书评或者影评。

书评和影评是新手作者很容易上手的一种文章类型。

我们看完一本书，结合书中的内容，以及自己的感悟和收获，可以写一篇书评。影评也一样，我们看了一部电影，可以写一篇影评。好的影评可以让读者对电影理解得更深刻，从不同的角度看待电影中的人物。

优质的书评或影评，市场需求量不错，写起来也不难，而且还能把我们看过的书和电影分享给更多人。

自身优势：结合自身优势，寻找擅长的写作领域

刚开始写作的时候，我们可以尝试不同的领域，先培养写作习惯。等写作习惯养成之后，我们就要思考，自己擅长写什么领域的文章。

如何找到适合自己的写作领域呢？以下三点建议也许能帮到你。

第一，结合自己的身份来定位。

我们每个人生活在这个世界上都有一定的身份，比如，我是一位职场人士，一位宝妈，也是一位创作者。也许你是创业者，或企业高管，或中学老师，或全职妈妈……

如果你是职场人士，可以结合自己的工作经历，寻找适合的写作领域和写作主题，比如《职场小白如何度过工作前三年》《刚毕业的大学生如何快速适应职场》《毕业十年了，遭遇职场瓶颈了怎么办》等。如果你在职场领域积累了比较多的素材，也有独特的想法和观点，可以定位职场领域来写作。

写作定位：如何找到自己擅长且读者爱看的写作方向

弘丹说写作

① 写作定位的两大误区
误区一：不知道自己擅长写什么，干脆不写了
误区二：确定好写作定位之后，不能修改

② 普通人容易上手的四大写作领域
1. 情感领域
2. 职场领域
3. 育儿领域
4. 文化领域

③ 普通人容易上手的四大文章类型
1. 干货文
2. 故事文
3. 情感美文
4. 书评或影评

④ 结合自身优势，寻找擅长的写作领域
1. 结合自己的身份来定位
2. 结合自己的兴趣爱好来定位
3. 结合当下热门的领域来定位

定位

如果你是一位宝妈，对育儿很感兴趣，看了很多育儿类的文章，有丰富的育儿经验，那么你可以定位育儿领域来写作。比如，年糕妈妈、凯叔讲故事等都是写育儿类文章的优质账号。

如果你是一位医生，你可以结合自己的专业知识，写专业领域的文章。比如我的朋友雨滴医生，结合自己儿科医生的身份，注册了账号"儿科医生雨滴"，在全网拥有300多万粉丝。

第二，结合自己的兴趣爱好来定位。

每个人都有自己的兴趣爱好，有的人喜欢历史，有的人喜欢读书，有的人喜欢旅游，有的人喜欢美食，即使你只喜欢打游戏，也可以选择游戏领域。

比如，六神磊磊很喜欢读金庸的作品，他写的很多文章都是与金庸的小说相关的，他的公众号也叫"六神磊磊读金庸"。

比如，头条号上的养花达人写自己如何养花，也积累了几百万粉丝，还成了签约作者，每月有保底收入。

如果你是宝妈，会给宝宝做辅食、做手工，或者做烘焙，这些都是很好的写作素材，你可以选择育儿领域。

比如我喜欢研究如何写作，经常写与写作相关的文章，还出版了《从零开始学写作》，图书上市一年内就加印了7次。

根据你喜欢做的事情，或者你花了很多时间研究的事情，来筛选你的写作领域。对于自己喜欢的领域，写起来会更轻松，因为有较多的素材积累，而且，这也是在做自己擅长的事情。

Tips

我们每个人都是一个大宝藏，重要的是看到自己的闪光点，发现自己的优势，并结合优势来创作。

第三，结合当下热门的领域来定位。

除了从自身的角度出发来定位，你还可以结合当下热门的领域来定位。比如，情感美文比较流行，那你可以定位情感领域来写作。

比如，现在条漫比较流行，正好你擅长绘画，那你可以创作条漫类的作品；或者你擅长写故事，你的朋友擅长画漫画，那么你们可以合作一起来创作条漫。

前面曾介绍过，通过新榜去了解一些热门领域的账号和作者，你可以分析自己的写作风格和素材积累方式与谁比较相近，然后参考他们的写作定位来确定自己的写作定位，这样可以让自己少走很多弯路。这就是所谓的"站在巨人的肩膀上"，让自己快速成长起来。

即使你现在不清楚自己的定位，也没关系，可以先尝试不同的领域、不同的文体，一边写，一边探索，一段时间后，你的写作定位就会比较清晰。

3.2
选题能力：
策划文章选题，创作读者爱看的内容

当你坐下来写作时，首先需要解决的问题是，今天该写什么内容。写什么内容读者会比较感兴趣？这就需要了解选题的技巧。

选题是一篇文章的重中之重，也是我们下笔前就需要想好的事情。对写作者来说，用什么技巧写作，是战术层面的问题，而写什么，是战略层面的问题。不要用战术上的勤奋掩盖战略上的懒惰。

选题会影响一篇文章的阅读量。选择热门的选题，文章的阅读量相对较高；选择冷门的选题，文章的阅读量很可能会比较低。

关于选题部分，我们要了解什么样的选题值得写，常见的选题方法有哪些，如何把选题写出新意。

▍判断选题：三个维度，判断一个选题是否值得写

如何判断一个选题是否值得写？可以从三个维度来考虑，分别是：受众群体的大小，是否符合定位，是否有素材可写。

一是要考虑受众群体的大小，能否引起更多读者的共鸣。

选题的受众群体越大，对这个选题感兴趣的读者也就越多，根据这样的选题写的文章，阅读量一般来说也会越高。热点事件的阅读量相对较高，就是因为它的受众群体大。

在判断一个选题是否值得写时，要考虑这个选题的受众群体是否足够大，这个选题是否是读者关心的，能否击中读者的痛点。

我们以"年轻人在大城市打拼"这个选题为例来说明。首先，这个选题的受众群体大——在大城市打拼的年轻人很多。如果你的读者群体以80后、90后居多，那么这个选题是你的读者群体所关心的。其次，这个选题能引起读者的共鸣。比如，文章《北上广深打拼的单身年轻人，是怎样生活的》打动了很多在大城市拼搏的年轻人，道出了他们的心声。

但并不是说，以受众群体大的选题写出的文章就一定能有较高的阅读量。有一些文章的选题受众群体也挺大的，但内容写得过于宽泛，无法打动读者。所以，我们在确定选题时，要找那些能够引起读者情绪共鸣的切入点。

比如，写父爱和母爱相关的文章，即使写的是平常生活里的小事，像朱自清的《背影》，依然能引起读者的共鸣，我们阅读文章时，会想到自己的

父母，以及父母为我们做过的事情。

还有一些文章，文字风趣幽默，读者看完后忍不住转发朋友圈。比如，文章《当妈后，我重新接受了九年制义务教育》就是通过图文并茂的方式，引起很多妈妈的共鸣，尤其是陪孩子写作业的妈妈，看到有趣的图片和配文，纷纷转发朋友圈。

二是要考虑选题是否符合自己的定位和人设。

并不是说，受众群体大，读者喜欢看的选题，就值得我们去写。

写什么样的选题，还要看这个选题是否符合自己的定位。比如，你的定位是职场作者，如果总是去追明星离婚的热点，就与自己的定位不符合。如果你写的文章经常跟自己的定位不符，你的写作定位就会比较模糊，较难吸引精准的读者群体。

文如其人，我们写的文章就代表着我们本人。在写文章的时候，要更加谨慎，不要选择那些与自己的人设和价值观不符的选题来写。我们写的每一篇文章，都是在与读者交流，都是我们的思想和价值的传递。这也是我很少去写娱乐八卦或者有争议的选题的原因，因为不符合我的价值观和定位。

我对自己的写作要求是要写对读者有价值、能够使读者有所收获甚至发生正向改变、能够传递正能量的文章。所以我写的文章通常以干货文居多。比如《如何写出一篇高质量的文章》，读者看到标题就能预测这篇文章会介绍一些写作方法，比如如何写出爆款标题、如何写出精彩的开头等，对写作感兴趣的人就会点击阅读。

一些能够给读者带去价值和收获的文章，在标题里就会凸显出价值，像文章《8个刻骨铭心的人生错误，别等到30岁才明白该如何尽早避免》《深度长文 | 如何有质量地过完四年大学生活》等，从标题就可以看出文章要讲什么以及其核心观点，既有深度，又能有所收获，读者自然愿意点击阅读。

> Tips

如果你本身有某方面的专业知识，比如心理学、教育学、管理学等，那就写这方面的文章，既符合自己的定位和人设，还能给读者带去价值和收获。

三是要考虑自己是否有足够的素材可以写，是否有独特的观点表达。

确定选题时，还要考虑自己对于这个选题是否有素材的积累，是否有独特的角度来写，毕竟如果对这个选题自己都没话可说，自然也写不出优秀的文章。有时候选题不错，即使之前没有素材的积累，也可以直接从网络上搜索相关的素材。

除了有充足的素材，还要有独特的观点。每篇文章都应该有自己独特的观点。有一些文章，我们几乎看不出作者自己的观点，虽然文中会举很多例子，但没有明确的主题和独特的观点。

观点就是自己对某一事物的看法。写作者在标题里就可以表明自己的观点，比如《没有绝对的好日子，只有十足的好心态》《做好95%的日常，才能成就5%的高光》等文章，读者一看到文章的标题，就明晰写作者的观点，了解整篇文章都是围绕这个来写的。

> Tips

好的选题是新颖的、有趣的，甚至有争议的。读者大多喜欢阅读新鲜的故事。确定选题时，要从平常的事情中挖掘新意，或者透过现象看本质，写出深度。

有趣的文章阅读起来轻松愉快，大家都喜欢看，也喜欢转发朋友圈。具有争议性话题的文章，会引发读者的关注和参与，转发朋友圈，甚至在评论区里辩论，天然带有社交属性。不管读者对文章的态度是赞同，还是反对，都会增加文章的热度，参与讨论的人越多，文章的阅读量就会越高。

选题类型：三种常见的选题类型和选题方法

常见的选题可分为三种类型：常规选题、热点选题和系列选题。不同类型的选题，可以采用不同的策略和方法。

1. 常规选题

常规选题是我们写得最多的选题。常规选题是根据你的读者群体的特点和痛点，以及你擅长的写作领域和素材积累，来进行选题。

常规选题可以从以下三个维度来挖掘。

一是从生活经历中寻找合适的选题。

写作者可以从自己的经历中挖掘选题，比如职场经历、情感经历、生活经历，等等，选择对读者来说有吸引力的，能引起读者共鸣的选题来写。

可以从引发自己思考的一些事件中挖掘选题。比如，你在微信群中聊天时可能遇到某个话题引发你的思考，或者你在实际生活中遇到一些事件触发你的感想，等等，都可以成为写作的选题。

除了自己的经历和思考，还要有能力从身边的人和事中去发现选题。平常看到合适的选题，可以添加到素材库里。

这些选题都是独一无二的，是从你和你的朋友的生活经历中筛选出来的，是第一手资料。

我的学员千一参加写作训练营的学习之后，写了一篇文章《42岁的我，是如何通过写作来化解中年危机的》。这篇文章就是结合她自己学习写作的经历来创作的，发在公众号上，阅读量有3000多。对于一位新手作者来说，这个阅读量还是挺不错的。

我的写作社群的运营官三月，写了一篇文章《在1000人的写作社群做运营官，是种什么样的体验》，这是根据她在写作社群运营的经历来创作的。

一个写作者不可能脱离自己的生活而创作，生活经历越丰富，可以写的选题也就越多。

Tips

作为一名写作者，要有比较好的敏感度，有随时随地发现选题的能力；也要善于观察和思考，平时养成好习惯，有什么灵感立刻记录下来，对日常生活中发生的事情，要多思考为什么，这样你就能源源不断地找到写作选题。

二是从书籍或者影视剧中寻找合适的选题。

写作是一种输出方式，我们要持续地输出，离不开持续地输入，而读书和看影视剧等就是非常好的输入方式。

我们在看书或者看影视剧的时候，遇到一些有感触的地方，可以马上记下来，这很有可能是一个不错的选题。有些人，看完一本书就可以写出好几篇相关的文章，看完一部影视剧，也可以写出多篇优质的影评或剧评。

通过写文章，我们可以真正内化看过的书或者影视剧，有效吸收和消化其中的精华内容。

我的学员中有不少人从书籍和电影中寻找写作选题，写的文章获得了头条号的"青云计划"奖励。

学员六月之家阅读了《你当像鸟飞往你的山》后，写了文章《〈你当像鸟飞往你的山〉：面对父母扭曲的爱，自我教育才是出口》；学员许小菜阅读了《花凋》后，写了一篇文章《〈花凋〉：一部讲述少女一生悲凉的书，却透露出人性的薄凉》。

不管是写书评还是写影评、剧评，我们都无法通过几千字的文章，把一本书和一部影视剧的所有内容都囊括，我们需要选择一个小的切入点，然后根据选题来确立相应的观点和选择合适的素材。

从书籍或者影视剧中确定选题时，有以下两种方法。

1）结合核心内容来确定。

比如我之前写的《成为作家》的书评。这本书主要讲如何成为一名优秀的作家，所以我的书评也是围绕这个核心内容来写的。

2）结合最打动你的点来展开写作。

我之前写过村上春树的《当我谈跑步时，我谈些什么》的书评。这本书写了很多内容，我在写书评的时候，问了自己一个问题："这本书对我帮助最大的一点是什么？"

根据这个问题的回答，我找到了写书评的切入点，那就是"跟村上春树学习写作"。这与我自己的写作定位非常符合，而且村上春树在写作领域取得了很多成就，跟他学习写作，对读者而言，也是非常具有吸引力的。

写影评、剧评和写书评类似，都需要确定合适的写作选题。每个人看同一部影视剧的感受不一样。你可以选择一个触动自己又比较独特的角度来写。

以电影《哪吒之魔童降世》为例，不同的人写，会有不同的角度。有人是从哪吒"我命由我不由天"的角度写，也有人从敖丙的角度写。有一篇10万+的文章，选了一个很新颖的角度，将电影与人生结合，写出《〈哪吒之魔童降世〉说破了5个人生真相，虐哭千万成年人》。

除了书籍和影视剧，综艺节目里的一些金句或者故事也是非常好的选题来源。比如，在《奇葩说》第六季里，有几个辩题就是很不错的选题，像"生二胎要不要征得老大的同意""妈妈是超人是对妈妈的赞美吗"等。很多人对这类话题比较感兴趣，而且综艺节目本身就容易制造热点，写这样的选题是自带流量的，相对容易写出爆款文章。

> **Tips**
>
> 我们在阅读书籍或者观看影视剧的时候，要带着创作者的思维，一边观看，一边主动思考哪些是可以作为写作的选题或者积累的素材的。一些金句、话题、故事、图片等，都可以保存下来，放到自己的素材库里，说不定哪天写文章时就可以用上。

三是通过网络搜索寻找选题。

自己的经历毕竟是有限的，所以我们还可以通过网络搜索寻找选题。比如每天逛逛知乎、豆瓣、公众号、微博等自媒体平台，收集好的选题或者素材，放到自己的素材库里备用。比如，我在知乎上看到过这样一个问题："有哪些应该坚持的好习惯？"它给了我一个选题的思路，我梳理了自己这些年一直在坚持的习惯，其中一个就是写作，所以我写成一篇文章《坚持一个习惯5年，人生会发生什么样的改变》。

一些爆款文章，也可以作为自己的选题。爆款文章本身就说明了它的读者群体大，在此基础上，如果你的选题思路新颖，就更容易创作出爆款文章。所以，我们可以经常阅读公众号的爆款文章，为自己的选题寻找思路。

2. 热点选题

除了常规选题，还可以结合热点事件来策划选题。热点事件往往能够带来更多的流量，阅读量自然也会大幅提升。追热点是自媒体人的基本能力。

热点事件可以分为两类，一类是可预期的热点事件，比如各种节日，情人节、儿童节、中秋节等，再比如热门的电影、体育赛事或重大活动等；另一类是突发的热点事件，比如某个明星突然官宣结婚。

对于可预期的热点事件，一般是可以提前准备的。 你可以在日历上提前圈出本月或者下个月的热点事件，然后提前搜集素材，写好文章，做好准备。

比如"三八"妇女节（网络上逐渐用"女神节"来称呼），你就可以提前准备好与"女神节"相关的文章，比如我曾写过文章《女神节，送你10条人生感悟》。还可以结合"女神节"做一些活动，写一篇活动文案，比如《女神节：好礼相伴，愿你眼中总有光芒，活成自己想要的样子》。

比如，每年四月份的世界读书日，日期是固定的，可以提前一到两个月就开始策划世界读书日的热点文章或活动。

而对于突发的热点事件，一方面要争分夺秒，抢占时间，尽快写文章，另一方面要写出自己的独特观点和深度。如果能在热点事件爆出的几个小时内发文，就容易占据先发优势，也更容易被读者转发。写热点事件的人很多，所以需要寻找独特的写作角度，并写出深度，才能在众多同类文章中脱颖而出。

如何关注热点事件呢？我们可以通过百度热搜、微博热搜、头条热点等实时了解最新的热点，如果有合适的热点，就可以作为我们写作的选题。

Tips

作为一名写作者，要经常关注热点事件，哪怕这个热点事件不是你擅长的领域，也可以先记录下来，或者放到自己的素材库里，说不定下次写文章的时候可以用上。

刚开始写作，追不上热点，也没关系，我们可以根据这些热点进行选题思考，多做选题练习，这样就能在热点事件发生后，迅速找到独特的选题。如果你有头条号的账号，也可以把热点事件作为微头条的创作内容。写微头条比写文章容易，也更容易追上热点。

3. 系列选题

系列选题特别适合某个领域的专家。比如，你是品牌营销的专家，你可以写一系列与品牌营销相关的文章，带给读者多维度的深度内容。

写系列文章时，你可以根据这个领域的关键词来进行创作。比如，写作的关键词：开头、结尾、结构、素材、选题等，围绕这些关键词，就可以写出一系列的文章。

我自己就写过与写作相关的一系列文章，从写作心理、写作技巧、写作素材等各个角度来谈如何写出好文章。正是这个系列文章，给我带来出书的机会。出版社的编辑看到后，联系我出版了《从零开始学写作》这本书。

Tips

如果你在专业领域内有一定的积累，系列选题就很适合你。你可以像写一本书一样，列出大纲或者目录，确定30个或者50个选题，然后规划好写作的频率，按照节奏来更新文章。这样每次写文章，就不必临时去想要写什么，可以直接提笔就写。而且，因为提前列出了写作选题，你的大脑也会根据这些选题，寻找一些相关的素材。

某个领域的系列文章，可以帮助你打造个人影响力，如果系列选题的文章打动了编辑，可能还会有出书的机会。

▍写出新意：三个方法，提升选题能力，写出新意

我们在做选题时，往往会发现，很多选题已经被其他作者写过了，自己好像没什么新的内容可写了。其实，即使是类似的选题，我们也能写出新意。

如何提升自己的选题能力，把选题写出新意？有三个方法大家可以试一试。

一是刻意培养对选题的敏感度。

当你看到一个素材时，就要去思考，利用这个素材我可以写出什么样的文章。通过这样的刻意练习，对选题形成条件反射，看到一件事，立刻就能想到从哪些方面来构思、写作。

平时我们可以准备一个笔记本，或者下载印象笔记、有道云等手机App，有什么想法随时记录下来，并且去思考选题和写作方向。

比如，你阅读《从零开始学写作》这本书时，里面提到早起写作的好处，你可以进行发散性思考，我们为什么要早起写作呢？早起有哪些好处？有哪些名人是早起的，他们早起都做了什么事情？也许你能联想到一个选题"一流成功人士，早餐前都做什么？"相信很多读者都会对这个选题感兴趣。这就是看到一个写作素材，随时思考写作选题的练习。平时你可以多做这样的练习，虽然不一定要把文章写下来，你可以把想到的选题记录到自己的素材库里，当你不知道写什么时，就可以去素材库里找。

这样的练习多做一些，你的选题能力就能不断提升。

二是分析爆款文章的选题角度。

我们平时在阅读爆款文章时，要经常分析别人是如何选题，如何写出新意的。面对同样一个选题，自己能不能想到这样的写作角度？如果没想到，是什么原因？

比如，电影《流浪地球》热映的时候，有很多与《流浪地球》相关的文章，有的是亲子文，写吴京如何做父亲；有的是情感文，写吴京和谢楠之间的夫妻同心；还有励志文，写吴京如何把自己的梦想变成现实，等等。这些文章虽然都是围绕电影来创作的，但它们的角度各有不同。很多热点事件是可以从多个角度来写的。

第三章 打好写作基础：找准写作定位，提升选题和素材收集能力

选题能力：策划文章选题，创作读者爱看的内容

三个维度，判断一个选题是否值得写
1. 受众群体的大小
2. 是否符合自己的定位和人设
3. 是否有足够的素材，是否有独特的观点

三种常见的选题类型
1. 常规选题：从生活经历、书籍或影视剧，或通过网络搜索寻找选题
2. 热点选题：关注热点事件确定选题
3. 系列选题：围绕某个主题写一系列文章

如何把选题写出新意
1. 刻意培养对选题的敏感度
2. 分析爆款文章的选题角度
3. 进行命题写作练习

79

2020年，因为突如其来的疫情，大家都宅在家里，阅读了很多关于疫情的文章。你可以把优秀的爆款文章都收集起来，分析它们的写作角度，看同样一件事情，大家是如何写出新意的。比如从亲子角度，有的写宅在家里如何调整孩子的心态，有的写如何利用这段时间让孩子快速成长，还有的写这次疫情教会了孩子什么，等等，你会发现可写的角度有很多。

如果经常这样去分析爆款文章的选题角度，就能够扩展自己的写作思维和选题能力，以后遇到写作素材，就能迅速从中提炼出具有新意的选题。

Tips

当我们自己的写作水平还不够高的时候，就要多向别人学习，广泛收集爆款文章，多分析，多拆解，只有厚积，才能薄发。

三是进行命题写作练习，把选题写出新意。

我们还可以进行命题写作的练习，就像高中语文试卷的作文题，给出一个写作主题和写作素材，学生根据主题和素材来写文章。

我们也可以用这样的方式来练习，根据自己设定的选题写一篇文章，然后将其与同一个选题的其他爆款文章进行比较，看看差距在哪里。

比如，同样针对电影《囧妈》，你可以自己先写一篇文章，写好之后，再去网络上搜索其他围绕《囧妈》创作的爆款文章，然后进行拆解和对比，看看自己的文章选题跟爆款文章的选题有什么差距。

你还可以做这样的练习，让朋友从网上去搜集一些文章，将爆款文章和非爆款文章放在一起，把文章复制到Word文档里，屏蔽掉阅读量。你阅读这些文章后，判断哪些文章是爆款文章，并预估阅读量。这个练习可以提升你对爆款选题的敏感度。

多做几次这样的练习，你就能逐渐培养自己的爆款选题能力，根据同样的素材，能从不同的角度写出新意。即使你不写文章，也能预测一篇文章是否可以成为爆款。

我们在写作时，要培养自己深入思考的能力。当你看到一件事时，要去思考，这个事我能从哪些角度来写作。脑海中蹦出来的前三个想法要尽量排除，倒逼自己去想第四个、第五个想法，因为你轻易能想到的，别人一般也能想到，这样的选题不够有新意。所以，你要深入地去想，另辟蹊径，多想想和别人不一样的角度。多做这样的练习，你的思考能力也会大幅度提升。

3.3
素材收集：
提升搜索能力和整理能力，快速找到素材

俗话说："巧妇难为无米之炊"，写作素材就像是巧妇的米，如果没有写作素材，即使有再好的选题，也无法写出一篇高质量的文章。

要知道，很多作家和自媒体写作大咖都具备丰富的写作素材库，所以他们在写作的时候可以从自己的素材库里就地取材。

作为写作者，我们要随时积累写作素材，搭建一个属于自己的素材库。

▎筛选素材：四种方法，快速找到一篇文章的素材

选题确定后，接下来需要收集文章的素材。一篇完整的文章，需要丰富的素材来支撑。搜集素材，要围绕写作的选题展开。

首先，根据选题，利用发散思维联想写作素材。

可以用头脑风暴的方式，尽可能多地联想与选题相关的素材。拿出一张A4纸，把所有能够想到的素材都写下来。在头脑风暴收集素材时，切忌审视或者评判自己的想法，切忌思考是否可行，要让自己的大脑处于完全开放和兴奋的状态，把头脑中想到的素材都写下来。这个方法也类似于前面我们讲到的自由写作。

其次，去自己平时积累的素材库里寻找与选题相关的素材。

正如前面讲到的，在平时阅读书籍、观看影视剧的时候，我们会积累一些素材。写文章时，在进行头脑风暴之后，下一步就可以去自己的素材库里寻找素材了。

如果是电子化的素材库，你可以采用关键词搜索的方式寻找。或者去素材库相关主题下，一边阅读一边筛选。如果是纸质的素材库，就需要根据关键词，翻阅相关的资料。如果素材是在某本书里，可以找出这本书，一边回想一边快速翻阅，找到你需要的素材。

再次，去微博、知乎、微信等平台收集相关的素材。

微博往往是热点事件爆发和快速传播的地方，内容开放，实时更新，段子和金句频出，如果多留意，一定能捕捉到很多热点素材。微博热搜榜，可以看到当日的实时热点事件。

知乎是一个问答社区，入驻的大咖数量众多，问题回答的质量也比较高。同一个问题，不同的人会从不同的角度来解答，可以极大地开阔你的写作思路。知乎的高赞话题和回答，也是很多文章引用的写作素材。

微信是大家使用频率非常高的通信工具。其实微信也是一个不错的搜索工具，在微信里搜索关键词，可以搜到相关的公众号文章、朋友圈内容等，搜索出来的文章质量相对较高，在文章底部的评论区中也可以挖掘出不错的选题和素材。

微信群里也能获得写作素材。大家在微信群中交流时，会碰撞出不同的观点，这些也可以成为你的写作素材。比如，我的写作社群中小伙伴们讨论过"中年危机""是否要支持孩子养宠物"等话题。大家在群里讨论，会说出自己的观点和真实经历，将这些素材进行整理和提炼，也可以创作出一篇文章。

去网络搜索素材，一定要先想好自己需要什么样的素材，先确定搜索的关键词。比如，要写一篇时间管理的文章，可以用关键词"时间管理"去知乎上搜索，能搜到高赞的回答，例如"时间管理类App推荐""扎克伯格的26个时间管理方法"等，然后从中选择合适的素材。

最后，筛选合适的素材。

搜集到的素材要进行筛选，选择那些能更好说明选题的素材。

筛选素材有四个要点。一是选择与选题相关的素材，不相关的素材即使内容再好，也不能用在这篇文章里，但我们可以把它放到素材库里。二是尽量选择新鲜生动的素材，素材具有新意，能提升文章的创意。三是选择典型素材，典型素材富有鲜明个性和典型特征，具有代表性，并且能够深刻揭示文章主题。四是选择真实的素材，真实的素材最打动人，能引起读者的共鸣。

根据以上四个要点，我们就能筛选出文章所需的素材。下面以"时间管理"为例来说明如何筛选搜索到的素材。首先明确写作选题：要写时间管理的方法，素材"扎克伯格的26个时间管理方法"跟选题相关；其次素材比较新鲜，很多读者不大熟悉；然后这个素材也较为典型，扎克伯格是名人，他的时间管理方法是很多人想要了解的；最后这是真实的素材，是扎克伯格时间管理的经验。所以，这个素材是符合文章选题的素材。

日常积累：三种方法，随时积累直接和间接素材

对于职业写作者来说，不能临时抱佛脚，要在平时就去积累素材，扩充素材库的内容。素材按来源主要分为直接素材和间接素材。直接素材，指来源于真实生活的素材，如你的人生经历、职场经历等；间接素材，指来源于书籍、影视剧或者通过网络搜索得来的素材。

首先，可以从人生经历中筛选写作素材。

严歌苓说："写得最好的一定是亲身经历的。"每个人的写作都离不开自己的人生经历，我们或多或少会在文字中流露过往的人生经历。人生经历是最宝贵的写作素材。我们常常认为自己的生活枯燥、单调、乏味，没什么可写的。其实，即使是生活中的小事，如果你有一双善于观察的眼睛，多问自己几个"为什么"，也能写出一篇精彩的文章。

以我写的文章《爱不爱自己，只看三点》为例。这篇文章的素材非常简单：丈夫外出参加聚会，我一个人在家，随便煮了点面条作为午餐。这么一件小事，我却写出了一篇爆款文章，有50多个公众号转载。

普通人对这样平常的小事，可能不会放在心上。但作为一名写作者，要更具有敏感度。我忍不住问了自己一个"为什么"——为什么丈夫不在家，我就懒得做饭？然后我发现很多女性都有类似的经历：老公、孩子在家时，总是会做一桌子菜，而自己一个人在家时，就随便应付了事。我们为家庭做了一辈子的饭，却不愿意为自己做一顿可口的饭菜，为什么？所以，我想到了"爱不爱自己，只看三点"这个选题。

Tips

写生活中经历的事情，要挖掘其背后的道理，而不仅仅是描述一件事，要写这件事引发了自己怎样的思考，或者触动了自己什么样的情感。

我在《你以为是在"投资",其实是在"浪费"》一文中所用的案例,就是自己不断买书却没时间读书的例子。面对层出不穷的优惠,我一次次心动"剁手"。可是,买书如山倒,读书如抽丝,书架上那一本本没有拆封的书静静地待在那里,被蒙上了遗忘的灰尘。很多人都有囤书的行为,因此这篇文章也能够引起读者的共鸣。

平时做一个有心人,日常生活中也能找到很多写作素材。可以把观察到的、听到的、有感触的人或者事随时记下来。我一直用印象笔记做记录,观察到的素材随时记录到素材库里。比如我遇到一位有趣的朋友,跟她聊了一个多小时,在回家的路上,我就会把谈话中有趣或有用的内容记录到印象笔记中。

作为一名写作者,要培养自己敏锐的观察力,并且充分调动五官来感受生活,未来写文章的时候说不定可以用上,让你的文章内容更生动鲜活。

第一,用眼睛"拍照"。这个做法很简单,用眼睛仔细观察身边场景,就像拍照一样,抓住让你感受深刻的部分,再用文字来叙述看到的内容。经常练习,可以提升画面感,使文字更加传神。

有画面感的文章可以让读者仿佛身临其境地看到作者描绘的画面。比如,鲁迅在《野草》中写道:"雪野中有血红的宝珠山茶,白中隐青的单瓣梅花,深黄的磬口的蜡梅花;雪下面还有冷绿的杂草。"我们在阅读的时候,脑海中就会出现山茶花、梅花和杂草丛生的画面。

第二,用耳朵听周围的声音。我们时刻都能接收到外界的声音,但因为习以为常,往往忽略了声音素材。在文章中适当地表现声音,会让文章更加生动活泼,给人真实的感觉。

白居易的《琵琶行》用"大弦嘈嘈如急雨,小弦切切如私语。嘈嘈切切错杂弹,大珠小珠落玉盘"这28个字,似乎带你穿越时空到现场聆听琵琶女的演奏。

85

第三，用鼻舌捕捉味道。气味常常能勾起人内心的感受，当我们闻到熟悉的味道时，仿佛会回到曾经的那个场景。你也可以回想一下，你最喜欢的食物是什么？它有着什么样的味道？它是怎么做的？与这道食物有关的人与事有哪些，带给你什么样的感触？

身边这些不起眼的素材，如果你用心去感受并且记录下来，一定能让你的文字更加生动，充满烟火味。

来源于自己过往人生经历的素材毕竟是有限的，写一段时间就会感觉好像被掏空了。除了写自己的故事，我们还可以带着好奇心，去挖掘身边朋友的故事。在我的《时间的格局》这本书里，就有不少写的是我身边朋友的故事。比如《人生跌入谷底，该怎么办》写的是一位从人生低谷走出来的朋友的故事。每个人身上都是有故事的，关键在你有没有这份好奇心去探索。

平时主动与生活中遇到的人交流攀谈，积极挖掘身边人的故事，这些都将是珍贵的第一手素材。

其次，从书籍、影视剧等中积累间接素材。

我们读过的书籍、文章，看过的影视剧，也是很好的写作素材来源。比如，书籍里的观点、故事、案例、金句、名人名言等，你可以摘录出来，放到素材库里；影视剧里的经典桥段、金句等，也可以摘录出来，放到素材库里；平时看过的一些公众号文章，浏览网页时读到的文章，都可以先收藏全文，然后在周末整理出素材，放到素材库里。

Tips

如果希望短期内快速积累素材，其中一个办法就是有目的地大量阅读。阅读可以增长知识、启发思维，还可以学习作者在书中的用词、表述和思考方法，一举多得。阅读是写作的根，根扎得深，写作这棵大树才能长得枝繁叶茂。

最后，通过搜索获得写作素材。

现在我们有一个非常强大的武器，那就是搜索引擎。如果把收集的素材都电子化，当你想要找某些案例或故事时，只需要用关键词搜索，就能找到相应的素材。

互联网上有海量的信息，如果具有较强的搜索能力和筛选信息的能力，整个互联网都将是你的素材库。对于自媒体写作者，搜索能力是非常重要的一个能力。

记得在写《时间的格局》这本书时，我想要引用一句名人名言，但又想不起来。我就用关键词"低估自己"搜索，在搜索结果中看到俞敏洪的一句名言："人一生有两件事不能做，一是低估自己，二是低估别人。"与主题非常契合，我就用了这句话作为文章的结尾。

> **Tips**
>
> 我们平时在网上浏览信息或者阅读文章时，要有意识地收集素材。互联网上的素材收集起来也很快，只要复制、粘贴、分类这三个步骤就可以了。

整理素材：三步法打造属于自己的写作素材库

我们收集的素材，如果不加整理，很快就会被遗忘。我想每个人的微信收藏夹里都收藏了不少文章吧，这些文章你还记得多少？并不是说收藏了文章，它就会成为你的写作素材。你要每周选择一个固定的时间来整理素材，将素材分门别类。

第一步，裁剪，截取有用的素材。

我们收藏在微信里的文章，不需要把整篇都放到素材库里，只要裁剪文章里的故事、案例、金句等即可。我以十点读书的一篇文章为例来说明。

精进写作：如何成为一名写作高手

加持搜索能力和整理能力，快速找到写作素材

弘丹说写作

如何快速找到一篇文章的素材
1. 根据选题，利用发散思维联想
2. 去自己平时积累的素材库里找
3. 去微博、知乎、微信等平台收集
4. 筛选合适的素材

随时积累直接和间接素材
1. 从人生经历中筛选
2. 从书籍、影视剧等中积累
3. 通过搜索获得

三步法打造写作素材库
1. 裁剪，截取有用的素材
2. 精准分类
3. 记住标题

这篇文章的主题是"上帝只垂青主动的人"，文中讲了一个与上帝有关的故事，还讲了签证排队的故事，我把这些故事复制下来，放到自己的素材库里。除了收集案例，还可以收集你喜欢的金句，比如摘录文章中的金句："任何人，不论起点高低，都完全有可能通过后天培养提升自己的格局。"这些都是裁剪的过程。

第二步，精准分类。

虽然电子化的素材有搜索的功能，但如果能够精准分类，那将更容易记忆。分类的方式可以参考图书馆的分类方式，比如分哲学类、文学类等。大类下面还可以再细分。如果你觉得图书馆的分类方式比较复杂，我个人建议，你可以列出自己感兴趣的领域，比如职场领域、情感领域、育儿领域等，把素材分类放置其中。

第三步，记住标题。

不要以为在电子化时代，就不需要记忆了。如果你不记忆，连自己的素材库里放了什么素材都不清楚，写文章的时候自然也想不起来。即使是可以检索的电子化素材库，依然是需要记忆的。写作是一个融会贯通的过程，如果不记忆，素材之间很难产生关联，也就无法做到融会贯通。

> **Tips**
>
> 收集和整理素材是一件需要长期坚持去做的事，你收集的素材越丰富，相当于你拥有越多的写作宝藏，写文章时就能更加得心应手。你可以用印象笔记、有道云、石墨等知识管理工具来搭建属于自己的写作素材库。

精进写作：如何成为一名写作高手

第四章

写出爆款文章：
从头到尾打磨一篇爆款文章

一篇文章就像一个产品，我们可以用产品思维从头到尾来打磨一篇优秀的文章。设计产品时，要给用户创造峰值体验和终值体验。峰值体验是指用户印象最深的体验，也就是在高峰时的体验。终值体验是指用户在结束时的体验。我们在写文章时，要设置高潮，为读者创造峰值体验，也要写精彩的结尾，为读者创造绝佳的终值体验。

在内容为王的时代，文章的内容是最重要的。一篇优秀的文章要符合以下四个要求。

一是要有独特的观点。每个人都是世界上独一无二的个体，每个人的思想和观点也是不同的。我们写文章，也是在表达自己的观点，为自己发声。

二是内容有信息增量。我们写的文章要有一定的信息增量，要给读者带去价值。比如，解决读者的痛点，告诉读者实用的方法等。我们写的内容不要是陈词滥调，不要是读者耳熟能详的事情。文章要带给读者一些他们不知道的，或者更有深度的内容。

三是情感上能引起读者的共鸣。好的文章，不仅仅要有信息增量，还要能打动读者，这就需要写作者带着情感创作，抓住读者的痛点，引起读者情绪上的共鸣。

四是行文流畅，逻辑清晰。除了内容，一篇文章的逻辑也很重要。有一些文章内容挺丰富，但逻辑不清晰，读者阅读后一头雾水。逻辑清晰的文章，可以让读者一目了然地抓住中心思想，跟上写作者的思路。

Tips

如果把一篇文章的写作技巧拆解开来，它包括：文章的结构、标题、开头、结尾，以及文章的金句和文章的故事性等几个部分。

本章，我们将从文章的结构、标题、开头和结尾这四个维度来讲解如何写出一篇优质的文章。

4.1 写作结构：掌握四种结构，写出逻辑清晰的文章

文章的结构主要包括两个方面：一是文章各部分的先后顺序，包括如何开头、如何进展和如何结尾；二是文章各部分之间的内在联系，包括各部分的层次、组合方式等。具体一篇文章选择什么样的结构，由写作主题和素材之间的关系决定。

确定好文章的结构，相当于搭好了"骨架"，接下来就是填充"血肉"，把文章的素材放到合适的位置。文章的结构清晰，读者阅读文章时，就很容易跟上你的思路。

下面详细介绍常用的四种结构，我们在写文章的时候，可以直接套用这些结构。

▎总分总结构：开头点题，正文论述，结尾升华

总分总结构是最常见的写作结构，也是我们最熟悉的写作结构，还是大部分文章都通用的写作结构。

总分总结构是一种三段式的、易于记忆的结构。在文章开头阐述主题，表明总论点；中间部分阐述论点，或者讲述故事来支撑自己的论点；结尾呼应开头，升华主题。

在"分"的部分，根据不同的素材，可以采用不同的方式，比如并列方式、递进方式、对比方式等。

举个例子，我之前写过一篇文章《激情只能点燃梦想，习惯才能成就理想》，主要讲如何养成良好的习惯。这篇文章就是采用总分总的结构来写的。

在开头，我引用名人名言点明习惯的重要性，然后引出文章的主题：想要改变自己，不是打打"鸡血"就可以的，需要日复一日地持续行动，需要培养良好的习惯。

接下来是阐述论点，我采用了递进方式，先讲述以前培养习惯失败的例子，以此说明养成习惯需要用科学的方法；接着讲述如何用科学的方法培养习惯，以及培养习惯的三个阶段和具体方法；最后讲述养成好习惯后的复利作用，以及每日写作的习惯带给我的改变。通过层层深入的方式来讲述如何用科学的方法培养习惯，以及好习惯的复利作用。

在结尾部分，再次总结和点题："激情只能点燃梦想，习惯才能成就理想。时间是最公平的，你把时间用在了哪里，就会有相应的收获。"

这就是用总分总结构写的一篇文章，读者会对文章的主题印象深刻，因为在文章的开头和结尾都强调了文章的主题。

并列式结构：并列讲述故事或论述观点

并列式结构是自媒体文章最常采用的写作结构，尤其适用于讲故事。很多"10万+"的文章通常是写3个故事，3个故事之间是并列关系，每个故事加上自己的思考，在结尾处总结几句金句，升华主题，就构成了一篇完整的文章。如果用一个公式来表达，就是：1篇文章=3个故事+评论。评论可以穿插在故事与故事之间，也可以直接放在文末，由故事引出道理，进而升华主题。

并列式结构可以用来写情感类的文章，或者那些通过讲故事来阐述道理的文章。我之前的一篇"10万+"的文章《你的时间格局，决定了你的人生》，就是采用并列式结构来写的。

文章讲了三个女生的奋斗故事：第一个女生是和君商学院的同学，她从小城市裸辞，到上海奋斗，成为投资经理；第二个女生是花艺店的老板娘，她从高薪的外企辞职，开了一家花艺店；第三个女生是国家运动员、职业高尔夫运动员宋依霖，她从14岁开始学高尔夫球，一路奋斗，成长为职业运动员。

讲完三个故事，最后呼应主题，总结升华："那些有着惊人毅力的人，只是因为他们有更大的时间格局。你拥有什么样的时间格局，就拥有什么样的人生。"

我们再来看一篇育儿类文章《培养优秀的孩子，从这3件事情做起》。这篇文章主要讲了培养优秀的孩子、建立良好的亲子关系，需要特别注意的三个部分：信任，能够带来无限的力量；倾听，让沟通更顺畅；合理的妥协，打开双赢局面。

这三个部分用小标题的方式来排版，读者阅读的时候一目了然。每个部分之间是并列关系，若将这三个部分调换顺序，对文章的逻辑性影响不大。

看完几个案例，你应该已经知道并列式结构的文章怎么写了。

Tips

并列式结构的文章构思比较简单，列出文章的主题，然后找几个并列的观点，分成几个部分，每一个部分用讲故事和讲道理的方式进行叙述，最后在结尾点题升华，就完成了一篇不错的文章。

在讲述每个部分的故事或者案例时，可以使用正反对比的方式，先举一些正面的例子，再举反面的例子论述，这样可以使文章更具说服力。

递进式结构：层层递进，不断深入论证

讲完了并列式结构，我们再来看第三种结构——递进式结构，这种结构的文章内容逐层深入，读起来就像剥洋葱一样。

相对来说，递进式结构比并列式结构要难一些，各部分之间不再是并列关系，而是一层比一层深入，这就需要我们的思考有深度，分析让人信服，才能写出层层递进的文章。

举个例子，比如文章《河北40名大学生被退学，教育部表态：学生对自己不负责，就要付出代价》，作者一开始用河北40名大学生被退学的例子表明自己的观点：学生对自己不负责，就要付出相应的代价。

后面通过四个小标题层层论证自己的观点。

一，你所厌恶的学习环境，是别人无法企及的梦想。用了正面素材和反面素材的对比，将读书的苦和生活的苦做比较，阐述观点，让读者知道，读书虽然苦，却是最容易走的路。

二，你现在厌恶学习，是因为你没有吃过社会的"苦"。作者用名校博士兄弟的素材来论证，跟生活的苦相比，学习真的轻松多了。然后用排比方式，进一步阐述自己的观点，学习虽然枯燥，但和现实社会的残酷相比，显然太过轻松。

三，"读书无用论"是世界上最荒谬的谎言。作者用大量的素材和数据对"读书无用论"进行了强烈的抨击，进一步深化自己的观点。

四，别抱怨读书苦，那是你看世界的路。最后一段，作者做了总结和呼吁，拔高和升华主题，告诉读者读书肯定是有用的，努力的过程虽然很痛苦，但上天不会辜负任何一个努力的人。

> **Tips**
>
> 整篇文章的阐述像剥洋葱一样，层层深入直至核心。作者的论证也很有力，不管是从正面还是反面，都围绕核心观点进行，最后升华点题。读者阅读时会产生共鸣，尤其是正在上大学的读者，很容易被打动。

相对来说，递进式结构比并列式结构难，需要写作者有深厚的基本功和思考力，尤其是在观点的论证上。

SCQA结构：提出问题，分析问题，解决问题

SCQA结构也是自媒体文章中常见的写作结构，就是提出问题、分析问题和解决问题的结构。

SCQA由4个英文单词的首字母组成。Situation（情景）：由大家都熟悉的情景或事实引入主题；Complication（冲突）：实际情况往往和我们的要求有冲突；Question（问题）：根据前面的冲突，提出问题或者疑问；Answer（解答）：面对这个问题，我们的解决方案是什么。

写作的时候，开头以读者熟悉的场景切入，这个场景与我们的实际情况或者我们的要求有冲突，针对这种冲突提出问题，并分析原因，最后根据问题，给出解决方案，给读者实用的建议。

当你熟悉了这个写作结构之后，还可以调换SCQA每部分的顺序，或者不一定每次都要写SCQA四个部分，也可以只写三个部分，比如SQA，写作者可以根据文章的内容灵活安排。

掌握好SCQA的写作结构，你便能够驾驭大部分的自媒体文章，不管是故事文、干货文，还是观点文，都可以用这种结构。甚至在职场，也可以用这种方式来沟通，既高效，又能吸引对方的注意力。

精进写作：如何成为一名写作高手

掌握四种写作结构，写出逻辑清晰的文章

一、总分总结构
1. 开头阐述主题，表明总论点
2. 中间部分阐述论点或讲述故事
3. 结尾呼应开头，升华主题

下笔前，先思考用什么结构写作，写完之后再调整文章的结构

二、并列式结构
1. 尤其适用于讲故事
2. 1篇文章=3个故事+评论

三、递进式结构
文章的内容逐层深入，读起来就像剥洋葱一样

四、SCQA结构
1. S：情景
2. C：冲突
3. Q：问题
4. A：解答

我们以一篇文章《为什么大多数孩子不愿意在幼儿园大便？开学了越早知道越好》来说明一下SCQA结构。文章开头用几个具体的例子来讲述"孩子不愿意在幼儿园大便"的现象：作者妹妹家的双胞胎女儿在幼儿园试上了一周课，俩孩子都不愿意在幼儿园大便；作者儿子的幼儿园里一位彪悍家长大闹幼儿园，也是因为孩子在幼儿园不敢大便。这两个真实的故事，特别有代入感，并且能引起读者的共鸣。

家长想让孩子在幼儿园大便，而有报告称"80%的孩子不愿意在幼儿园大便"，父母的期望与现实情况产生了冲突。

然后作者提出问题，为什么孩子不愿意在幼儿园大便？作者针对这个问题进行了分析，主要是三个原因：孩子正处于秩序敏感期，这是孩子肛欲期的正常表现，幼儿园的教学环境可能造成了这种情况。

分析了问题之后，作者针对"如何让孩子在幼儿园大便"给出了解决方案，父母要在孩子入园前后做好准备。一是要消除孩子对大小便的羞耻感，在上幼儿园之前，提前训练孩子擦屁屁；二是要在着装、饮食、睡眠等方面做好入园准备；三是要做好孩子和老师沟通的"中间人"。

文章的结尾对主题进行了升华：好的幼儿教育一定是贴近自然、贴近身心的教育。当有一天，我们的孩子能大声地说出"我要大便"，教育才算迈出了成功的一步。

通过拆解这篇文章，我们了解了完整的SCQA写作结构。

我们再以一篇获得头条号"青云计划"的文章为例来解读。这篇文章是《孩子的智商和情商更重要？你错了，睿智的父母更在意"逆商"培养》。

开头作者以朋友家孩子不愿意去上学引入具体的场景，朋友家的孩子月月因为考试成绩特别不理想，就不想去上学。然后引出文章的主题，很多智商和情商高的孩子，往往不容易接受失败，父母更要关注孩子的逆商。

这部分隐含的一个冲突是，父母和老师比较关注孩子的智商和情商，而对孩子的逆商关注不够。

接下来作者详细阐述为什么逆商很重要。首先作者从四个维度：掌控感、担当力、影响度和持续性来阐明逆商的含义，然后分析逆商为什么这么重要，因为它可以让孩子在困境中保持乐观，让孩子理性面对失败，还可以让孩子获得逆袭的能力。

在最后作者提出了解决方案，父母应该怎样培养孩子的逆商：不要人为制造逆境；要鼓励孩子，而不是只表扬；孩子没有你想得那么脆弱。

结尾用爬山的比喻来强调逆商在孩子人生道路上的重要性，对全文进行了总结和升华。

根据这两个案例，我们可以看出用SCQA结构写的文章逻辑清晰，读者对文章的内容和结构都能了然于胸。

Tips

SCQA是一个"万能"的写作结构，我们的大部分文章都可以采用这个结构来写。写这样的文章对写作者也有一定的要求，要分析原因，提出具体的解决方案，而提出的解决方案要和分析的原因相对应。

许多新手作者写的文章容易出现的一个问题是，分析的原因比较空洞，浮于表面，没有针对性，放在很多文章里都适用；提出的解决方案也比较宽泛，实用性不强，无法解决现实问题。

所以，在用SCQA结构写文章时，最好是能引用一些权威的理论，或者一些心理学方法等，结合这些去分析原因，给出解决方案，读者会更加信服。

大家平时可以多阅读一些书，尤其是和自己的写作领域相关的书，结合书籍中的内容来解决现实的问题，这样既可以学以致用，又可以给读者带去价值。

下笔前列大纲，写完后调结构，提升逻辑性

如果你觉得自己的文章逻辑混乱，有两种方法可以帮助你提升文章的逻辑性。

第一种，下笔之前，先列好大纲，思考采用什么结构来写作。

先在A4纸上列出文章的大纲，再开始动笔写。在构思大纲时，可以列出所有与主题相关的素材，再筛选出这篇文章适合采用什么样的素材，合并同类项，根据素材的内容，选择合适的写作结构来组织文章。

常见的结构类型并不多，我们前面介绍的这四种写作结构，就是最常使用的写作结构。

举个例子，我要写一篇时间管理的文章。围绕时间管理这个主题，我想到很多关键词和素材，比如，时间管理的工具，有番茄钟、滴答清单、日事清等；也会想到时间管理的方法，比如，要事第一、四象限法、二八原则等。

根据列出的素材，我会思考，要在一篇文章里讲清楚这么多内容很难，所以我可以写一个系列的文章。第一篇文章，先讲时间管理的工具，介绍自己常用的工具；第二篇文章讲时间管理的方法。通过列素材的方式，不仅明确了写作主题和素材，还为下一篇文章找到了主题和素材。在介绍时间管理的工具时，可以采用并列式结构来创作，介绍不同的工具。

第二种，在写完文章之后，仔细修改，调整文章的结构。

有些写作者觉得先列好大纲再写作，会无法下笔。对于这类写作者，可以先写好初稿，然后在修改的时候调整文章的结构和逻辑顺序，使段落之间的衔接更加顺畅。

在修改时，先通读全文，并思考这篇文章适合用什么结构，然后根据这种结构的要求，调整文章的框架和段落顺序。

你也可以用思维导图来梳理文章的框架。如果思维导图的结构非常清晰，说明你的文章的结构也是比较清晰的；如果很难用思维导图来梳理文章内容，说明文章的逻辑比较混乱，要重新调整段落的顺序。

即使在写作时没有套用写作框架，在修改时，也可以调整文章结构和段落顺序，让文章符合某一种写作结构。

4.2
爆款标题：
掌握十种标题的写作方法，提高文章点击率

现在是碎片化时代，读者在阅读自媒体文章时，首先看到的就是文章的标题，如果标题吸引人，就会点开阅读，如果标题不够有吸引力，就会直接跳过，很难有冲动点击阅读。

所以，文章的标题极其重要，所谓"题好一半文"，可以说，标题决定了文章的点击率。那些点击率高的文章，通常都有一个有吸引力的标题。同样的内容，换了一个更有吸引力的标题，原本阅读量只有几千的文章也许可能一跃成为爆款。对自媒体写作者来说，我们要争夺用户宝贵的注意力，标题的作用不可小觑。

但很多写作者对于标题的重视度不够，使文章标题趋于平淡。他们会花几个小时的时间来精心打磨一篇文章的内容，却给文章随便取一个标题。结果文章的阅读量很低，打击了写作者的写作热情。

> **Tips**
>
> 既然我们已经花几个小时用心写了一篇文章，那也一定要多花时间和精力去思考文章的标题，使用一些爆款标题的写作方法，让自己的文章有更高的阅读量，能够吸引更多人。

标题作用：标题的四大作用与取标题的四大原则

标题通常具有以下四个作用：吸引读者注意力、筛选读者、传达文章主题、引导读者阅读文章。

取一个爆款标题，要遵循以下四个原则。

第一个原则，价值感。读者为什么要花时间阅读这篇文章？标题里就要向读者传达出这篇文章的价值。

第二个原则，实用性。读者看了这篇文章能有什么收获？取标题要有读者思维，站在读者的角度去选取对读者有用的信息，不要"自嗨"。

第三个原则，独特性。同一个话题的文章千千万，读者为什么要阅读你这篇文章？要在标题里就显示出文章的独特性，给读者阅读的理由。

第四个原则，紧迫感。读者为什么现在就要点击阅读你的文章？现在不读，读者会不舒服或者有损失吗？

比如文章《早起1小时和熬夜1小时，差距究竟有多大》的标题将早起和熬夜进行了对比，突出早起的优势，用"差距究竟有多大"设置了悬念，勾起读者点击阅读的兴趣，是一个有吸引力的标题。

那么，如何刻意练习，才能学会取一个爆款的标题呢？

一是先模仿再创新。一开始，你不知道什么样的标题会受读者欢迎，可以先去模仿"10万+"文章的标题。先模仿，再改写，再创新，直至总结出自己取标题的方法。

二是在练习的时候，每篇文章至少取5个标题，从中选择最有吸引力的标题。

三是在平时多搜集、积累好的标题，总结爆款文章取标题的方法，在自己取标题的时候使用。

掌握了取爆款标题的底层逻辑之后，我们一起来拆解爆款标题的十种创作方法。爆款标题的创作方法远远不止这十种，因为篇幅有限，我们这里只重点介绍最常见也是最有效的方法。

结合热点：热点结合独特观点的取标题方法

热点本身自带流量，若标题结合了当前的热点，就很容易成为爆款。因为热点是很多读者关注的，在标题中带热点，读者看到标题就知道文章与此相关，就会点击阅读。

2020年，钟南山院士特别火，很多写钟南山院士的文章，在标题上就会写上钟南山的名字，这样读者只看标题就知道是写他的故事，比如文章《钟南山成长经历曝光：培养一个优秀的孩子，其实需要三代人的努力》。

电视剧《我是余欢水》热播的时候，相关的文章也不少，比如《〈我是余欢水〉大结局，揭露了12条细思极恐的人生潜规则》《〈我是余欢水〉大结局：永远不要高估，你和别人的关系》。

Tips

从这些带热点的文章标题中，我们可以总结出结合热点的爆款标题怎么取，即热点+独特观点，前面用热点吸引读者的注意力，后面用自己的独特观点来体现文章的稀缺性和独特性。

文章《64岁陈道明再度爆红：人性最大的善良，是换位思考》的标题中，作者的独特观点是："人性最大的善良，是换位思考"；文章《〈我是余欢水〉大结局：永远不要高估，你和别人的关系》的标题中，作者的独特观点是："永远不要高估，你和别人的关系"。

使用这个方法时，我们需要注意，不要盲目在标题里带热点。如果热点与文章没什么关系，或者与自己的写作定位及人设不符，就不要牵强附会地硬蹭热点。

带上数字：用数字凸显细节的取标题方法

在标题里带数字也是一种常见的取标题方法。汉字中出现数字，读者一眼就会注意到数字，产生兴趣，而且数字更容易在读者心中留下深刻的印象。

比如《聪明孩子会做的7件事，看看你家中了几个》《北京，有2000万人在假装生活》《奋斗了7年才明白：比自律重要1000倍的，是坚持这个习惯》，这些文章的标题都带有数字，看完标题，读者对数字印象深刻。

我们也可以用数字来凸显细节，比如文章《36页PPT，6000字，20个高效方法讲透内容营销》，标题用"36页PPT""6000字"来体现内容的丰富，以及作者的用心程度，"20个高效方法"向读者传达文章的核心内容及带给读者的价值。如果标题换成《20个高效方法教你做好内容营销》，虽然表达的意思差不多，但不如原来的标题那么吸引人。

Tips

在标题里带数字的时候，要看这个数字跟文章是否契合，你想用这个数字来表达什么。一般来说，数字体现的是可信度，所以，我们要用更加精准的数字，但同时也要避免用太夸张的数字。数字尽量放在标题的前半部分，这样读者更容易看到。

提出疑问：提出读者关心的问题的取标题方法

在标题中提出疑问，也是常用的一种创作标题的方法。通过疑问句，提出读者关心的问题，读者想要知道问题的答案，就会忍不住点开文章来阅读。人都是有好奇心的，在标题中提出疑问，可以勾起读者的好奇心，吸引读者的注意力。

提出疑问的标题适合各个领域，无论是干货类的，还是情感类的，都可以采用这种取标题的方法。

在标题中提出疑问，通常会在标题中加入一些疑问词。

1）标题中带词语"如何"。

这类标题广泛使用于干货类文章，比如《如何才能摆脱又穷又忙，过真正有意义的人生》。我自己取标题时，经常使用这个方法，比如文章《如何让你读过的书发挥10倍价值》《读书和写作，是如何改变了我的命运》《如何通过写作打造个人品牌？送你6个锦囊》等。

2）标题中带"为什么"或者"什么"。

比如我的学员投稿公众号"弘丹在写作"的文章《一个零基础小白，写作20天就成功上稿，我做对了什么》《坚持写作30天，给我带来了什么》等。

3）标题中带"怎样""怎么""为何"等。

比如《7年换13份工作的人，后来怎么样了》《第一批90后的真实生活究竟是怎样的》，以及我的学员投稿文章《写作6个月，从投稿屡次被拒稿到过稿听书稿，我是怎么做到的》等。

设置悬念：通过悬念吸引读者注意力的取标题方法

人都有猎奇心理，看文章时也是一样，如果标题能引起读者的好奇心，读者点击阅读文章的概率也会更大。在标题留有悬念，会激发读者的好奇心，读者特别想知道答案，就会点击阅读文章。

比如标题《自律十年，是一种怎样的体验》中"自律"这个词，本身就很容易引起读者的兴趣，而"十年"，又是一个相当长的时间，不是一般人能做到的，所以很多人就想知道一个人"自律十年"到底是怎样的体验。

比如标题《那些不陪娃写作业的妈，后来都怎么样了》，读者看到后会好奇，不陪娃做作业能行吗？会影响孩子的学习吗？妈妈以后会后悔吗？仅一个标题就引发读者一连串的疑问，迫切地想要阅读文章得到答案。

再比如标题《詹青云：一个被狠狠爱过的女孩，到底有多厉害》，詹青云因为《奇葩说》而被广泛关注，她求学的经历不同寻常，尤其是父母的教育方式很特别，所以很多人会好奇她到底为什么会这么厉害。同时，这个标题也使用了第一个方法，在标题中结合热点。

借助名人：借助名人阐述自己观点的取标题方法

利用名人的光环效应，引发读者阅读的兴趣。名人本身自带流量，与名人有关的文章，他的粉丝或者关注者就会对其产生兴趣。

我们在标题里使用名人的名字，但在文章里并不会全面描述名人的故事，只是借名人来讲自己的观点和故事。

比如《余光中：定期丢掉这4样东西，你的人生会更高级》《扎克伯格坚持一生的10个习惯》《汪曾祺：人活着，一定要热爱点什么》等文章的标题，都是使用了借助名人效应的技巧，提升了文章的阅读量。

感人故事：浓缩故事引发读者兴趣的取标题方法

这种创作标题的方法，是把故事浓缩体现在标题里，让读者通过标题对故事产生好奇，进而点击阅读文章。

比如《他做了25年配音，跑了7年龙套，首演男主便成五料影帝，登顶华语影坛》，文章讲述的是张涵予的故事。文章的标题浓缩了主人公的奋斗经历，读者看到标题就会对主人公产生兴趣，进而点击阅读。

再比如《人物 | 孟小冬：一个满身棱角，一世傲寒的民国奇女子》，这篇文章讲述了民国奇女子孟小冬一生的故事，标题加上"人物"这个词，读者就能预测这篇文章会讲述人物的故事。

人人都爱看故事，尤其是在写人物类文章时，可以把人物的主要经历浓缩，用故事的方式取标题，这样很容易吸引读者的阅读兴趣。

情绪共鸣：唤起同理心或强烈情绪的取标题方法

这个方法是在标题里就唤起读者的同理心或者强烈的情绪，比如喜悦、悲伤、愤怒等，戳中读者的痛点，引发读者共鸣，让读者感同身受，看完文章，忍不住转发朋友圈。

比如文章《二胎妈妈35年对比照刷爆朋友圈：父母在，我们永远都是孩子》，通过照片和感人肺腑的文字，讲述父母对孩子的爱，引起读者的情绪共鸣。阅读文章时，读者会想到自己的父母，感受到父母对自己的爱。标题即表达出文章的核心观点：父母在，我们永远都是孩子。

还可以用讲故事或者描述自己亲身经历的方式引起读者的共鸣，像标题《健身100天后，我发生了什么变化》《裸辞是一种怎样的体验》等，如果读者刚好也有这样的经历，更容易产生共鸣。

修辞手法：使用对比等修辞手法的取标题方法

在标题中可以使用一些修辞手法，比如对比，可以是反义词对比、不同群体对比，也可以是不同角度对比，等等。标题用对比的修辞手法，可以形成一种强烈的反差，引发读者的兴趣。比如标题《月薪3000元与月薪30000元的差别在哪》《你若好到毫无保留，对方就敢坏到肆无忌惮》。

在有书、十点读书、洞见等公众号中，我们经常能看到标题中使用"最好""最容易"等词汇的文章，比如《最好的家庭教育，是父亲能陪伴、母亲好情绪》《养成这6个习惯，最容易拥有好心态》《你为什么总是改不掉坏习惯？这是我见过最实在的答案》等。

> **Tips**
>
> 每个人都好奇最好的是什么，因此读者看到使用了"最好""最容易"等修饰性词汇的标题，就会好奇"最好""最容易"的答案或者方法是什么，于是点击阅读文章。

提供福利：给读者提供好处或价值的取标题方法

如果能够给读者提供一些好处或者价值，读者会更加愿意阅读文章，或者转发文章。

我们可以在文章的标题中清晰表明提供给读者某些好处，比如在标题中用"免费""福利""赠书"等字样，提高文章的阅读量。举个例子，文章《他刷了10遍〈老友记〉，总结出一套万能口语公式，请自取》，以及我写的文章《书单 | 想要提升写作能力，我推荐这7本书（内含福利）》等，如果读者刚好需要英语资源、书单等，就会点击阅读。

> **Tips**
>
> 如果你有某方面的才能，比如喜欢读书、擅长写作，你就可以把自己的经验总结出来，作为福利赠送给读者，对于想要学习的读者来说是一种吸引力。

反常理式：使用否定或者反常理思维的取标题方法

反常理式的标题，角度新颖，与读者的固有思维相反，因此能引发读者的好奇心，想一探究竟。比如，在人人都努力克服拖延症的时代，文章《"拖延症"是很好的习惯》的标题却反其道而行，提出拖延症是个很好的习惯。读者看到自然会好奇，为什么拖延症反而成了很好的习惯？

光看文章《被央视点名的网红李子柒，真面目曝光：她根本不是仙女》的标题，读者会以为文章是批评李子柒的，因此带着好奇点击阅读。其实文章是从另一个角度来讲述李子柒。作者在结尾说："在我看来，她并不是什么仙女。从小吃尽苦头，混迹底层，却依然能不忘初心，通过自己的努力，从泥土中破茧而出，让生活开出理想的花"，呼应了文章的标题。

> **Tips**
>
> 通过举例的这几篇文章的标题可以看出，反常理式的标题是用否定的、非寻常的思维方式提出写作者独特的观点，让读者从另一个角度来思考问题，因为跟读者原有的预期不一样，因此会激发读者强烈的好奇心，点击阅读文章。

第四章 写出爆款文章：从头到尾打磨一篇爆款文章

十种爆款标题的写作方法，立刻抓住读者注意力

弘丹说写作

| 吸引读者注意力 | 筛选读者 | 传达文章主题 | 引导读者阅读文章 |

① 在标题中结合热点
② 在标题中带上数字
③ 在标题中提出疑问
④ 在标题中设置悬念
⑤ 借助名人效应写标题
⑥ 用故事法来写标题
⑦ 使用情绪共鸣法
⑧ 使用修辞手法
⑨ 给读者提供好处或价值
⑩ 使用反常理的标题方法

不同方法组合使用

先模仿再创新　至少取5个标题　多搜集 多积累

111

▎多种方法组合使用，打造爆款标题

我们并不是只能使用上面介绍的某一种方法来取标题，更常见的是将好几种方法组合使用，这样取出来的标题会更有吸引力。

比如，文章《与章子怡飙戏、和周杰伦逛街，这个身价上亿的95后凭什么这么火》的标题，同时使用了名人效应、数字、疑问、对比四种方法。读者看到这个标题，一下子就会被吸引，好奇这个95后少年到底是谁？读者点击文章阅读，原来标题所说的少年是王俊凯。

比如文章《从前台小妹到部门总监，30岁的她就做到了3件事》的标题同时使用了故事、对比、数字三种方法，也是一个有吸引力的标题。

在取标题时，可以同时使用几种方法，比如数字和其他方法组合，名人效应和其他方法组合，疑问和其他方法组合等，都是常见的组合方法。

在取标题时，要把核心的关键词前置，放在前半句。因为读者阅读时是从左到右阅读，标题的前半句比后半句更重要。

我们取标题时一定要结合文章的主题，不做"标题党"。标题是为文章服务的，标题一定要与文章内容相关，不能生搬硬套。

有时候，只是把标题修改一下，就能提高文章的阅读量。

我的公众号"弘丹在写作"接收读者投稿时，文章的标题往往是改得最多的部分。我们会与作者一起来修改标题，也会要求作者多写几个备选标题以供挑选。

比如，上稿我的公众号的一篇文章，原标题是《加入弘丹老师核心团队这四个月，我学到了什么》，修改后的标题是《爸爸劝我说"要不就别做这份工作，算了"，是什么让我坚持下来》。修改后的标题采用了对话、故事、疑问三种方法，标题充满了故事感，同时有冲突、有悬念，比原标题更有吸引力。

比如，学员获得"青云计划"的文章，原标题是《〈头号玩家〉影评》，修改后的标题是《豆瓣8.7分〈头号玩家〉：虚拟世界乐趣无穷，未来世界值得期待》，采用的是电影名称+核心观点的方式来取标题。

修改后的标题使用了数字法，加上了"豆瓣8.7分"，瞬间增强了标题的吸引力。豆瓣评分8.7分，说明电影的口碑不错。读者看到标题，会好奇电影到底讲了什么内容，自己是否要去观看这部电影。"虚拟世界乐趣无穷，未来世界值得期待"，使用了对比的修辞手法，将"虚拟世界"和"未来世界"进行了对比。同时，标题也概括了文章的主线：文章会从电影的叙事结构和未来想象这两个方面来讲述。

|Tips|

取标题的能力提升得很快。学习和拆解爆款文章的标题创作方法，自己再刻意练习一段时间，很快就能掌握取爆款标题的方法，毕竟标题才一句话，但标题的作用是非常大的，可以几倍、几十倍地提高文章的阅读量。

4.3
精彩开头：掌握八种开头方法，吸引读者注意力

上一节我们讲到，标题很重要，读者被标题吸引才会点击阅读这篇文章。打开文章之后，读者首先看到的是文章的开头。如果开头把读者吸引住，他就会继续看下去，相反，如果开头没有吸引力，读者很可能就不会往下阅读。所以，开头会影响文章的读完率，好的文章需要有"凤头"。

开头的重要性，可以用心理学中的"首因效应"来解释。首因效应就是我们平常所说的"第一印象"。阅读一篇文章，也是有首因效应的，开头写得精彩，能给读者留下比较好的第一印象。

一篇文章的开头往往承担着以下四个作用：一是点明文章主题；二是引出下文；三是设置悬念，引起读者的好奇心；四是在情绪上引起读者共鸣。

接下来，我详细介绍八种常见的开头写作方法。

热点引入：开头讲述热点引入主题的方法

这是常见的开头写作方法，热点自带流量，读者比较关注，也会有兴趣阅读。

热点可以是新闻事件、热点人物、热门影视作品、热门话题等。以热点作为开头，不论是在自媒体写作领域，还是在传统媒体写作领域，都是经常使用的方法。

此方法的关键在于选择切入的这个热点需要有比较高的知名度和热度，如果你引用的热点知道的读者比较少，或者不能引起读者共鸣，反而会适得其反。

怎样找到最新的热点呢？各大平台都有专门的热点区域，比如微博的热门话题和热搜、百度热榜、头条号的热点创作等都会列出最近的热点事件，这些热点会根据大家的关注度实时变化。

我们以文章《徐峥〈囧妈〉看哭万人：与父母和解，是我们一生的修行》为例，说明如何用热点引入法开头。

文章的开头是这么写的：

"你上一次拥抱妈妈，是什么时候？"

大年初一看了徐峥的新片《囧妈》，竟然被电影中的这句台词弄哭了。

这部电影是2020年春节档的热点，很多人都看过。这篇文章的作者把电影中的这句台词作为文章的开头，一下子戳中了很多人的心，引起读者共鸣。而且用疑问句开头，也会引起读者的思考。

比如文章《〈我是余欢水〉大结局，揭露了12条细思极恐的人生潜规则》，也是用热播剧《我是余欢水》开头，几句话引入男主角余欢水及这部剧揭露的人生道理。

文章的开头是这么写的：

最近热播剧《我是余欢水》被刷屏。

余欢水——史上最惨男主角，没有之一。

事业、朋友、父母、家庭，他一样都不讨喜。

但就是这个中年男人，成了大家"心疼"的对象。

因为，他就是现实生活中鲜活存在的人，他演出了小人物的悲和喜。

同时，这部剧揭露的人生道理也值得我们深思。

开头用短短几句话，结合热点，引出了文章的主题——热播剧《我是余欢水》揭露的人生道理。开头先总结了余欢水这个人物的特点，"事业、朋友、父母、家庭，他一样都不讨喜"，但也是"大家'心疼'的对象"，因为"他就是现实生活中鲜活存在的人，他演出了小人物的悲和喜"。同时也能吸引读者的注意力，很多读者都看过这部电视剧，很想知道这部电视剧揭露了哪些人生道理。

> **Tips**
>
> 以热点作为开头需要注意的是，热点一定要简明扼要地讲述，如果写了两三百字还没说清楚，读者会没有耐心读下去。在引用热点的时候还要注意，不要直接引用别人的内容，要用自己的话来讲述。

戳中痛点：开头戳中读者痛点引起共鸣的方法

开头戳中读者的痛点，引起读者的情绪共鸣，读者感同身受，就有了读下去的兴趣。

我们在写作的时候，要思考自己的文章能戳中读者什么样的痛点。精准戳中读者的痛点，读者阅读时会有一种"哎呀，这说的不就是我吗"的感觉，认为作者就是在为自己发声，甚至会主动转发文章到朋友圈。

比如，文章《如果你不想上班，就到凌晨3点的街上走走》的开头用了一个扎心的场景描述，戳中了很多人的痛点。

文章的开头是这么写的：

前段时间，在微博上看到一个段子，描述了"当代青年五大现象"：持续性不想上班，间歇性崩溃，送命式熬夜，做梦式想暴富，习惯性治愈。不少网友表示纷纷中枪，这不就是现实中的我吗？每天早上都要在内心挣扎无数次，才不得不逼自己起来上班；一到周日的晚上，想到第二天要上班，就陷入莫名的焦虑……

开头引用微博上的段子，描述"当代青年五大现象"，这也是很多年轻人的现状，所以看到这样的开头，读者马上会被吸引，有一种"这说的就是我"的代入感，被戳中了痛点。

开头描述很多年轻人"不想上班",呼应标题"如果你不想上班"的部分。紧接着作者分享了凌晨时间表,不同的群体在凌晨辛苦工作。通过前后对比,引出文章的观点:"如果你哪一天感到累了、倦了,实在不想上班,就到凌晨的大街上走走看看。"这句话呼应了标题,也引出了下文的内容。

▎故事引入:开头讲述故事吸引读者的方法

很多读者都喜欢看故事,所以除了用故事作为文章的素材,还可以用故事来开头。这个故事可以是你自己的亲身经历,也可以是你听来的故事,或者是网络搜索的故事,等等,重要的是故事能引起读者的兴趣,而且契合文章的主题。

比如文章《千万不要在这5个地方玩手机》,开头是这么写的:

不久前,发生了一件让人痛心的事。一个小孩在小区荡秋千的时候,不小心摔下来,摔到了头部,当场就没了。而她的家长当时就在旁边玩手机。第二天,小区把秋千拆了,同时竖起一个醒目的牌子:"莫看手机,看好孩子。"

作者在开头讲述了一个真实而让人痛心的故事,引起读者强烈的情绪共鸣,同时引出文章的主题"千万不要在这5个地方玩手机"。读者看完这个悲剧故事,会立刻警觉,同时对下文的内容产生兴趣,很想知道是哪5个地方不能玩手机,避免重蹈覆辙。

故事引入法也是不少经典作品开头的方式,我们再来举两个例子。

阿尔贝·加缪的《局外人》的开头是这么写的:

今天，妈妈死了。也许是昨天，我不知道。我收到养老院的一封电报，说："母死。明日葬。专此通知。"这说明不了什么。可能是昨天死的。

开头用短短几句话讲述了妈妈去世的事情。开头这几句看似平常的话，反映出说话人冷酷、漫不经心的态度，折射出一种荒谬。开头即奠定了整部小说冷峻的叙事风格。

弗兰兹·卡夫卡的《变形记》的开头是这么写的：

一天早晨，格里高尔·萨姆沙从不安的睡梦中醒来，发现自己躺在床上，变成了一只巨大的甲虫。

开头用一句话就讲述了"人变成甲虫"的荒诞事件，言简意赅，让人震惊。整部小说都是在开头的这个事件下展开的。

讲故事是常用的开头写作方法，但是要注意故事应该简洁，不能太啰唆。精彩的故事能够立刻吸引读者的注意力，是一种不错的开头方法。

对话引入：开头用对话突出人物和情节的方法

在文章开头直接引用人物的独白或对话，使读者一开始便如闻其声、如见其人。

将这些人物的对话作为文章开头时需要注意，一定要选取能够激发读者阅读兴趣、使读者眼前一亮的对话内容。

对话要短促、有爆点，像钩子一样，"勾引"读者往下读，要尽量避免废话，把话说到点子上。

弗吉尼亚·伍尔芙的《到灯塔去》这篇小说，开篇用寥寥数语，便引出了小说的主要人物和情节发展。

原文如下：

"行啊，如果明天天气好，当然没有问题，"拉姆齐夫人说，"可是你一定得早起。"她又叮嘱一句。在她儿子听来，这些话带给他一种不同寻常的喜悦。

开头用简短的几十个字，引出了小说的主题"到灯塔去"。开头是拉姆齐夫人和儿子的对话，他们聊的正是要去灯塔。去灯塔是儿子许多年来向往的事情，儿子从对话中感受到这次远足是十拿九稳的了，所以这些话带给他一种不同寻常的喜悦。

开头并没有提到"去灯塔"这几个字，而是设置了疑问，巧妙地点燃了读者的好奇心，他们到底要去哪里？为什么好天气如此重要？儿子为什么感到喜悦？一个个问号引导读者不由自主地往下阅读。

开头的对话也体现了人物的性格特点。拉姆齐夫人美丽贤惠，善于持家，偏于感性，她竭力使孩子幼小的心灵不受到现实的伤害。儿子想要去灯塔，她说"如果明天天气好，当然没有问题"，然后又叮嘱孩子"一定得早起"，母亲的形象跃然纸上，从对话也可以感受到拉姆齐夫人跟儿子的关系比较亲密。

玛格丽特·杜拉斯《情人》的开头非常经典，也是采用了对话引入法，开头奠定了沧桑的基调。

我已经老了，有一天，在一处公共场所的大厅里，有一个男人向我走来。他主动介绍自己，他对我说："我认识你，永远记得你。那时候，你还很年轻，人人都说你美，现在，我是特地来告诉你，对我来说，我觉得现在你比年轻的时候更美，那时你是年轻女人，与你那时的面貌相比，我更爱你现在备受摧残的面容。"

王小波在《一只特立独行的猪》里有提到《情人》这本书，以及对翻译者王道乾先生的欣赏。

《情人》的开头是作者想象的场景，读者在阅读开头时，很容易被这段对话打动，尤其是女性读者。这段对话采用了对比的手法，将年轻的美和老去的面容做了对比。这段对话与威廉·巴特勒·叶芝写的《当你老了》的"多少人曾爱慕你年轻欢畅的岁月，爱慕你的美丽，假意或真心，只有一个人爱你朝圣者的心，爱你衰老了的脸上痛苦的皱纹"有异曲同工之妙。

开头的对话，也会引起读者强烈的好奇心。读者在阅读开头时，并不知道这是作者想象的场景，读者会好奇，这个男子是谁，他为什么会说这样的一段话，他跟"我"是什么关系？开头的对话也让这部小说的主要人物登场了，并为"我"与这位男子的故事埋下了伏笔。

我们再来看一篇自媒体文章《说一句顶十句！敢和父母顶嘴的熊孩子到底在争什么》的开头，它是这么写的：

今天在等公交车时，旁边的一对母子引起了我的注意。
母亲："儿子，你上课的时候别老动来动去，老师都说你了。"
儿子："这不能怪我，我不爱听这个老师说话。"
母亲："那你看小豪坐你旁边，他怎么就挺乖，老师从没说过他。"
儿子："那让小豪当你儿子吧，我不当了。"

文章开头描述了儿子与妈妈顶嘴的场景，引出文章的主题。这篇文章，作者想要表达的观点是"好的家庭氛围，孩子才敢顶嘴。面对孩子的顶嘴，不要急着发火，不妨仔细听听孩子如何表达，给他们表达的机会。"

开头用对话的方式也拉近了与读者的距离。读者比较喜欢看这样的对话，有代入感。这样的对话也是我们日常生活中经常听到的，读者在阅读的过程中会联想到自己与孩子的对话，很容易产生共鸣。

所以，精彩的对话可以让文章的开头更加出彩，给读者留下深刻的印象，同时也吸引读者继续阅读文章的内容。

场景引入：开头创造场景让人仿佛身临其境的方法

这种方法指的是，创造一个场景，让读者有代入感，产生情绪的共鸣。描写场景，会让读者有身临其境的感觉，仿佛置身于故事发生的现场。

路遥的《平凡的世界》的开头就用了这种方法，详细描述了陕北初春的场景。最后一句虽然是在写景，也是在传情：好比爱情与生活，艰辛的日子看似就要过去了，但真正的幸福生活还远远没有到来。开头奠定了全书的基调和节奏。据说开头的这一段话，路遥整整写了三天时间。

一九七五年二三月间，一个平平常常的日子，细蒙蒙的雨丝夹着一星半点的雪花，正纷纷沥沥地向大地飘洒着。时令已快到惊蛰，雪当然再不会存留，往往还没等落地，就已经消失得无踪无影了。黄土高原严寒而漫长的冬天看来就要过去，但那真正温暖的春天还远远没有到来。

我们写自媒体文章，一般不需要很详细地描写场景，可以选择某个关键画面进行简单描述，让读者有代入感。

文章《钟南山的43天：用生命战斗的他，17年后再次成了全民偶像》的开头是这么写的：

2020年1月18日晚，腊月二十四，钟南山赶到了人山人海的广州高铁站。正当春运，去武汉的高铁票早已卖光，事情紧急，颇费周折他才挤上了G1102次车，在餐车找了一个座位。

他走得非常匆忙，羽绒服都没有带，只穿了一件咖啡色格子西装。接到请他紧急赶到武汉的通知，他就感觉此行不同寻常。尽管疲惫，他打开电脑，开始仔细研究每个材料和文件。

文章开头描述了钟南山院士匆忙赶到高铁站的场景，以及在高铁上研究材料和文件的场景。读者在阅读开头时，会有代入感，感受到84岁的钟南山院士在紧急时刻挺身而出，用生命战斗，也紧扣文章的标题。

文章《截肢5年后收获神仙爱情：用假肢跳舞的女孩，不需要同情》的开头是这样写的：

上周四晚7点，是朝阳大悦城最热闹的时候。八音盒音乐响起，一对新人突然走到中庭正中央开始跳舞。

人们被吸引聚集，机器女孩一下子脱掉拖地白裙。

膝盖以下，是一双钢铁假腿。

人群骚动，议论纷纷。

一个大爷和老伴纠结半天：这是真的还是假的？这要是真人，咋就没有腿呢？

"我是真人，戴着假肢。"

这个没有腿却还在跳舞的机器女孩，叫廖智。

这样的描写，一下子就把读者带入当时的场景之中。人潮如织的广场中央，一对新人在跳舞，而女孩脱掉长裙，却露出一双钢铁假腿。开头一下子就把读者吸引住，忍不住继续往下阅读，想知道这个女孩的故事。这就起到了制造悬念的作用。

开门见山：开头直接表明观点或态度的方法

开门见山指在文章的一开头就说出自己的观点，直截了当，不拖泥带水。

一些经典名著的开头，也采用了开门见山的方式。比如《安娜·卡列尼娜》的开头。

幸福的家庭都是相似的，不幸的家庭各有各的不幸。

开头用对比法，表明了作者的观点，也为整部小说奠定了基调，埋下伏笔。在这句话之后，作者描述了主人公家混乱的场景，突出了"不幸的家庭各有各的不幸"。

狄更斯在《双城记》的开头形象地描述了一个无比复杂的时代，也鲜明地表明了自己的观点：在那个复杂的年代，信仰与怀疑混杂，光明与黑暗交织，希望与失望并行。

这是最好的时代，这是最坏的时代；这是智慧的时代，这是愚蠢的时代；这是信仰的时期，这是怀疑的时期；这是光明的季节，这是黑暗的季节；这是希望之春，这是失望之冬；人们面前有着各样事物，人们面前一无所有；人们正在直登天堂，人们正在直下地狱。

在自媒体时代，"有鲜明主张、有明确态度、有自己观点"的文章更能吸引读者的注意力。所以，我们可以在文章一开头就表明态度。读者阅读或者转发文章的过程，也是他们为自己支持的观点投票的过程。

开头直接说出自己的观点，读者看完开头，就知道作者的态度，以及这篇文章的核心观点。

文章《不管你生的是儿子还是女儿，都要告诉他这10句话》的开头是这样写的：

很多父母为了给孩子更好的生活，拼命工作、努力赚钱，但物质只能决定生活水平，父母的高度才决定孩子的未来。

给孩子留下金山银山，不如告诉孩子这些道理。

短短的几十个字，就已经表明了作者的观点和态度"父母的高度决定了孩子的未来"，并且引出文章的主题"要告诉孩子这10句话"。如果读者认同作者的观点，对作者要告诉孩子的道理感兴趣，就会继续阅读。

Tips

开门见山的开头写作方法，在观点文中使用得比较多，这也是一种特别实用的开头写作方法。

提问引入：开头提出问题引发思考的方法

用提问的方式开头，也是一种非常好的写作方法。在开头提出一个问题，引起读者的好奇心及思考，然后在文中回答开头的问题。

用提问的方式开头，也可以让读者直观感受到这篇文章是"为我而写，对我有用"。

人天生会重点关注自己熟悉或者跟自己相关的事物。心理学中有一个

"鸡尾酒会效应"，就是说，如果你在一个各种声音混杂的鸡尾酒会上，无论现场多么吵闹，只要有人喊你的名字，你总能听到。

它给我们的启示是，人永远对自己熟悉的东西敏感。所以，不管你写作的主题是什么，在文章里都要刻意抛出读者熟悉的问题，吸引他们的注意力，让读者感到你的文章跟他们有关系。

比如，可以直接引用读者咨询的问题来作为文章的开头。文章《如何找到对的人？恋爱看审美，结婚看习惯》的开篇直接引用读者的提问。

曾有读者问我，爽姐，你在恋爱和婚姻里，最看重哪一点？我的回复是，谈恋爱，我看重审美；谈婚姻，我看重习惯。

通过读者提问，自然而然地引出作者的恋爱观和婚姻观，同时也让读者有代入感，激发读者的阅读欲望。

连岳老师在文章《婚姻最核心的竞争力》的开头也是直接写经常被读者问到的问题。

常有人问是否支持婚姻里的财务AA制。

从个人自由的角度，是必须支持的。婚姻是让人变得更好，因为有了婚姻，一个人掌握自己财务的自由都没有了，那是说不过去的。

除了用读者的提问开头，我们还可以在开头主动问读者一些问题。比如，我的文章《我是如何把一本书，挖掘出10倍价值的》的开头是这么写的：

看完一本书后，你会去挖掘这本书的价值吗？还是直接把这本书束之高阁，看完就忘了书中的内容？

当你升级了自己的读书思维，深度挖掘一本书的价值，你会发现，一本20元的书，起码可以创造10倍于书价的价值。

用提问的方式不仅可以吸引读者的注意力，还可以跟读者互动，拉近与读者的距离。

▍反差对比：开头用反差勾起好奇心的方法

大多数读者都是利用碎片时间来阅读的，他们喜欢阅读"有趣""幽默"的文字。文章开头通过反差描写，提前做好铺垫，能勾起读者迫切的阅读欲望和好奇心。

文章《真实的鲁迅，比你知道的鲁迅好玩一百倍》的开头，并没有直接介绍主人公，而是这么写的：

说到鲁迅，我们就会想起一句话："一怕文言文，二怕写作文，三怕周树人。"鲁迅在我们的印象中，通常是这样的：须发直立，横眉怒目，严肃，无趣。实际上，真实的鲁迅有趣得很。

在开头通过简单的反差描写，设置了小小的悬念，打破读者对鲁迅的刻板印象，再顺势引出文章主题，让人忍不住想知道，鲁迅到底有多有趣呢？真实的鲁迅是什么样的呢？

张爱玲的《红玫瑰和白玫瑰》的开头采用了类比和对比的修辞手法，用白玫瑰和红玫瑰来类比振保生命里的两个女人。白玫瑰的"圣洁"和红玫瑰的"热烈"对比，让我们看到两个女人的不同。

第四章　写出爆款文章：从头到尾打磨一篇爆款文章

八种方法写出精彩的开头，让人忍不住看下去

1. 热点引入法
2. 戳中读者痛点，引发读者情绪共鸣
3. 故事引入法
4. 对话引入法
5. 场景引入法
6. 开门见山，表明自己的观点
7. 提问引入法
8. 反差对比法

127

振保的生命里有两个女人,他说的一个是他的白玫瑰,一个是他的红玫瑰。一个是圣洁的妻,一个是热烈的情妇——普通人向来是这样把节烈两个字分开来讲的。

以上介绍的是精彩开头的八种写法。其实开头还有其他的写作方法,比如引用名人名言开头、使用富有哲理的金句开头等。

学会了这些方法,写作者在平时写作时要刻意练习,灵活运用,写出更加精彩的开头。

Tips

一篇文章的开头并不是只能使用一种方法,可以结合多种方法来写,这样写出来的开头会更加具有吸引力。

最后,结合一个具体的案例,来讲解如何修改文章的开头。

学员上稿凯叔讲故事的文章《中国孩子肥胖、近视、睡眠不足,拉开孩子差距的不是智商而是健康》,原来的开头是这么写的:

前段时间,演员海清发布了这么一条微博,儿子蛋妞参加洛杉矶游泳大赛拿了三块金牌,让妈妈无比自豪,直言"是自己亲生的"。

蛋妞还说,以后自己再游泳的时候,希望妈妈不要拖后腿。

网友直呼,这才是别人家的孩子啊。

不但是个小暖男,还是个运动健将。

儿子放暑假的时候,老师布置了一项作业,每天都要跳绳和踢毽子,一分钟80个才及格,还要做好记录。

现在,暑假马上过半了,这孩子,还一点没动呢。

作为一个不爱运动的老母亲，摊上这么个不爱运动的娃，面对这样的作业，想陪都陪不了啊。

修改后的开头是这么写的：

在刚刚过去的2018上海世界跳绳锦标赛上，"光速少年"岑小林再次夺冠。

那惊为天人的速度，看得我眼花缭乱，简直不敢相信这是人的双脚在跳动。

岑小林来自贵州，在广州一个偏僻的乡镇上学，在学校跳绳玩耍的时候，体育老师发现了他的跳绳天赋，经过坚持不懈的训练，如今的他，已经是赛场上的常胜冠军了。

看完视频，再看看自家的娃，一把老泪都要下来了。

放暑假的时候，老师布置了一项作业，每天跳绳并做好记录，一分钟80个及格，100个优秀。现在暑假即将结束，可这孩子，一共也没跳几个。

作为一个不爱运动的老母亲，摊上个不爱运动的娃，面对这样的作业，想陪都陪不了啊。

原来的开头，其实也挺有吸引力的：举了明星的例子，还放了海清微博的截图，而且举的例子也跟爱运动的孩子相关。

但这个开头跟后面自己孩子跳绳的例子衔接不紧密，转折有点突兀。读者会觉得海清的儿子厉害，但跟自己好像没什么关系，比较难产生共鸣。

修改后的开头，采用的也是热点引入法，选择的是"光速少年"岑小林的例子，更接地气，插入跳绳的视频，读者在阅读文章时，能够直观地感受到运动的重要性。

岑小林是一位普通的孩子，他在广州偏僻的乡镇上学，经过坚持不懈的训练，成为常胜冠军。这个逆袭的故事，更加能够引起读者的共鸣。

讲完岑小林的故事，再对比自己的儿子，老师布置的跳绳作业，孩子一个暑假也没跳几下。同样是跳绳，前后对比非常鲜明，再次突出运动的重要性，而且衔接也非常自然。所以，修改后的开头更有吸引力，跟文章的主题更贴切。

4.4
精彩结尾：
掌握六种结尾方法，吸引读者分享转发

我们在评价一篇优秀的文章时，会用"凤头、猪肚、豹尾"来评价，文章的结尾也是非常重要的一部分。

如果一篇文章前面都写得很好，结尾却很糟糕，读者可能会因此而给整篇文章比较低的评价。

> **Tips**
>
> 写文章要有产品思维，把一篇文章当作一个产品来打磨。设计产品时，给用户创造峰值体验和终值体验是非常重要的。

终值体验对应到一篇文章上，就是要在结尾的时候，给读者留下深刻的印象，让读者觉得这篇文章写得真好。所以，我们在写文章时，要在结尾部

分多下功夫。

结尾写得好不好，会直接影响文章的转发率，也就是读者看完文章，会不会转发。

一篇文章的结尾，一般会有以下几个作用：深化文章的中心观点，总结文章的主要内容，对文章主题进行升华和拔高，强化作者的情感，使文章显得首尾相接、浑然一体。

接下来，我们就详细介绍6种常见的结尾写作方法。

总结点题：结尾呼应开头升华主题的方法

这是我们经常用到的结尾方法，在文章的结尾要对全篇内容进行总结，重申文章的核心观点，进行升华和拔高，让主题更有深度，让文章更有说服力。

张爱玲的《倾城之恋》的结尾是这么写的：

传奇里的倾城倾国的人大抵如此。

到处都是传奇，可不见得有这么圆满的收场。胡琴咿咿呀呀拉着，在万盏灯火的夜晚，拉过来又拉过去，说不尽的苍凉的故事——不问也罢！

结尾的"倾城倾国"呼应了书名"倾城之恋"。"倾城"两个字并不是传说中绝色佳人的传奇故事，而是一座城的倾覆成就了两个人的爱情。

结尾说的"圆满的收场"，其实也并不圆满，就像小说里写的"他不过是一个自私的男子，她不过是一个自私的女人。在这兵荒马乱的时代，个人主义者是无处容身的，可是总有地方容得下一对平凡的夫妻。"

结尾写"胡琴咿咿呀呀拉着，在万盏灯火的夜晚，拉过来又拉过去，说不尽的苍凉的故事——不问也罢！"在万盏灯火的夜里，咿咿呀呀地拉着胡琴，就像是繁华落尽，归于沉寂，那种苍凉的感觉油然而生。结尾意犹未尽，给人一种莫名的感伤与惆怅。看似圆满的收场，却以苍凉的感觉结尾，说明《倾城之恋》也是一个悲凉的故事。

文章《最好的余生：身体无病，心里无事》的结尾是这么写的：

余生，照顾好身体，让心简单点，把从容和快乐请进生命里。

作者在结尾直抒胸臆，呼吁大家余生照顾好身体，让心简单点。这样的结尾言简意赅，与文章的标题呼应。同时结尾也是一个金句，呼吁读者要行动起来。

文章《爱我们的亲人，就是珍惜他们在身边的每一天》的结尾是这么写的：

爱我们的亲人，就是珍惜他们在身边的每一天；对亲人最好的思念，莫过于不徒留遗憾，将他们始终暖暖地揣在心间，始终微笑着向前。

在结尾，再次强调文章的主题观点"珍惜亲人们在身边的每一天"，同时也是呼应标题，对读者具有启发意义。

文章《结婚8年，分床7年：幸福的家庭，从不把孩子放在第一位》的结尾是这么写的：

先是好夫妻，才会是好父母。

夫妻关系在家庭关系中处于首位，会大大减少家庭关系中的冲突和矛盾。稳固的夫妻关系是孩子健康成长的基础，如果你爱孩子，那么请先用心爱你的伴侣。

　　爱不会越用越少，反而会越来越多，只有夫妻相爱，孩子才会得到更好的爱。

　　文章的核心观点是一个家庭中夫妻关系应该排在第一位，而不是把孩子放在第一位。结尾就是对这个观点的升华和总结，进一步说明夫妻关系在家庭中的重要性，只有夫妻相爱，孩子才会更幸福。

　　结尾的总结点题，可以结合金句来创作。一方面金句句式优美，读起来朗朗上口，会给读者留下深刻的印象，同时呼应文章的主题和标题，能够把文章的核心思想传播出去。

金句结尾：结尾金句总结升华主题的方法

　　金句会让文章更加出彩，让读者印象深刻。励志文中有了金句，能给人正能量；情感文中有了金句，会让人豁然开朗；亲子文中有了金句，显得更加深情。不管哪类文章，金句都是必不可少的。

　　在文章的结尾使用金句，更能激发读者转发和分享文章。很多读者阅读完文章，想要引用文章中的句子转发朋友圈，这时候，结尾的金句就派上用场了。

> **Tips**
>
> 金句是指那些特别打动人、让人忍不住想背诵下来的句子。用这样的句子结尾能够给读者留下深刻的印象，他们甚至会朗读或引用这些句子。用金句来总结文章的核心观点，更容易让读者记住。

比如，莫泊桑的《一生》用一个金句结尾，同时也呼应了书名。

人这一生，既不像想的那么坏，也不像想的那么好。

《一生》结尾这句话总结了主人公雅娜的一生，也概括了大部分人生活的状态，道出了人生的真相"人生既不像人们想象的那么坏，也不像人们想象的那么好。"

大仲马的《基督山伯爵》的结尾，也是一个经典的句子，"等待"和"希望"是贯穿整部小说的四个字。

人类的一切智慧就包含在这四个字里面："等待"和"希望"！

我出版的《时间的格局》里的一篇文章《一个公式，拯救重度拖延症，华丽转身成行动达人》，结尾是这么写的：

你与梦想之间，只差一个公式的距离，这个公式就是POA行动力。当你开始行动时，你会感受到行动的力量，爱上行动。唯有梦想，才配让你焦虑；唯有行动，才能解除你的焦虑。

结尾这个金句"唯有梦想，才配让你焦虑；唯有行动，才能解除你的焦虑"用了对偶的写作手法，读起来朗朗上口，也更容易被记住。我经常在读者写的读后感里看到这个句子。

文章《再爱孩子，也要他承受这4种苦》的结尾是这么写的：

杨绛先生说："如要锻炼一个能做大事的人，必定要叫他吃苦受累，百不称心，才能养成坚忍的性格。一个人经过不同程度的锻炼，就获得不同程度的修养，不同程度的效益。好比香料，捣得愈碎，磨得愈细，香得愈浓烈。"

世上没有白吃的苦，今天吃的苦，都铺成了明天更好走的路。

千万别在该吃苦的年纪，让孩子选择安逸，舍得让孩子吃苦，他们才能收获不一样的人生。

结尾先引用了杨绛先生的名言来强调文章的核心观点，再用两个金句"世上没有白吃的苦，今天吃的苦，都铺成了明天更好走的路""千万别在该吃苦的年纪，让孩子选择安逸，舍得让孩子吃苦，他们才能收获不一样的人生"来升华文章的主题。

▎反问结尾：结尾使用反问强调主题的方法

反问句是用疑问的方式表达肯定的观点。反问句比一般的陈述句语气更加强烈，更能引起读者的反思和共鸣。

用反问法结尾，就是在结尾部分提出一个反问句，来强调文章的观点和主题。

文章《年轻时候的毛泽东，从来不焦虑》的结尾是这么写的：

你如果也能做到这样，就不会再感到焦虑。

取而代之的，是迫切想要自我改变的冲动，是只争朝夕的紧迫感，是达成目标时的激动心情。

"日日行，不怕千万里；常常做，不怕千万事。"

有伟人在前面指路，还有什么好焦虑的？

作者巧用反问句跟读者强调：有伟人在前面指路，我们没什么可焦虑的。这篇文章讲述了伟人毛泽东在艰难的环境里，如何面对问题、分析问题、解决问题。不断解决问题才是对抗焦虑的最好方法。对我们普通人来说，这样的方法也值得借鉴。无论处于什么样的环境，都无须焦虑，踏踏实实去做自己该做的事就好。用反问句式，语气会更强烈。

▎引导行动：结尾呼吁行动激发共鸣的方法

引导行动法在情感文中比较常见，主要是在结尾起到呼吁的作用，引导读者如何去做。

文章《华为、腾讯争抢毕业生，年薪200万：不吃读书的苦，就会吃生活的苦》的结尾是这样写的：

有些道理，你不让孩子知道，有一天就会为时已晚。
所以，一定要告诉孩子：
我们之所以对你严格，是因为我们走过的路告诉我们，学习是更容易走的那条路。
孩子越早知道这个现实，将来就越有机会改变自己的命运。
请记住，世间的路有千万条，但在你年少的时候，读书，是你最容易走的那条路。

结尾呼吁父母一定要告诉自己的孩子，学习很重要，如果年少的时候不去吃学习的苦，以后就要吃生活的苦。结尾这段话也呼应了标题的后半部分"不吃读书的苦，就会吃生活的苦"。

我的文章《身为女性，你是否习惯性低估自己》的结尾是这样写的：

作为女性，我们应该更加积极主动一些，主动争取表现的机会，勇敢抓住机会，而不是在机会面前退缩。提升自己的期望值，我们配得上更好的生活。

在结尾呼吁读者行动起来，要主动争取机会，勇敢抓住机会。这样的呼吁能激起读者的共鸣，使文章更容易被转发。

我们写文章也是希望能给读者带去改变。在结尾呼吁读者行动，也是希望自己的文章能够让读者真正行动起来，通过行动带来改变。

名人名言：结尾借用名言强调观点的方法

我们经常会在一些文章的结尾看到作者引用某位名人说的话，借用名人的力量来增强自己文章的说服力。

我在《时间的格局》这本书里的一篇文章《去你梦想的方向，过你想过的生活》的结尾是这么写的：

就像王小波说的："一个人只拥有此生此世是不够的，他还应该拥有诗意的世界。"

人生只有一次，我们要有勇气和力量，去梦想的方向，按自己的意愿，过自己想要过的生活。

在结尾用王小波的话来表达我自己的观点，人要有勇气去梦想的方向，以自己喜欢的方式过一生，让每一天的生活过得精彩和丰盈。这句话也呼应了文章的标题。

文章《家风，是一个家庭最好的风水》的结尾是这么写的：

作家艾小羊曾写过这么一句话：

越是拼搏过的父母，越知道教育的重要。他们明白奋斗的艰难，人生的不容易，能将自己受过的苦，换成正确的世界观、价值观以及优良的学习、思考习惯，传承给孩子。

这种传承，才是最好的家风。

结尾引用作家艾小羊的一段话来再次强调教育的重要性，同时呼应文章的标题。

引用名人名言是常用的结尾方法，很多文章在结尾的时候，都会用一两句名人名言增加文章的说服力。但我们需要注意的是，引用的名人名言一定要跟主题相关，能够用来证明文章的核心观点，而不是随便选一句话来引用。

平时可以多积累名人名言，在写结尾的时候就能用上。如果没有想到合适的名人名言，可以用关键词在网上搜索，也能快速找到合适的句子。

▎自问自答：结尾自问自答论证观点的方法

用自问自答法结尾，是指在结尾时提出一个问题，然后自己来回答。通过自问自答的方式强调文章的核心观点，并且呼应文章的主题。

文章《接纳负能量，是最好的正能量》的结尾是这么写的：

正能量是什么？

是当你愤怒的时候，能通过眼前的不满知道自己真实的企盼；

是当你沮丧的时候，能通过眼前的失败看到下一次的崛起；

是当你觉得自己不完美的时候，你知道自己正走在更完美的路上；

是接纳那些阴影，然后找到自己的光。

文章前面部分讲的是负能量，以及接纳负能量有什么作用，结尾要回到主题上来，回答什么才是正能量，并用排比句式做了回答，让读者觉得更有力量，更有深度，进而认同作者的观点。

还有一篇文章的结尾是这么写的：

做父母的，应该经常反问自己：我的孩子如果很努力，拼尽全力，但依然成绩还是不好，我还会爱他吗？

我想我会爱他，我对他的爱是毫无保留的，没有条件的，不管他成绩好不好，不管他将来混得怎么样，因为他是我的孩子，我会一直爱他。

接受自己的孩子只是个普通人，对父母来说是一生的课题。

土耳其有句谚语："上帝为每只笨鸟都准备了一根矮树枝。"

孩子，比起你能不能超越别人，我更希望你能找到自我的价值，用自己想要的方式去过完这一生。

在结尾作者建议父母要经常反问自己一个问题"我的孩子如果很努力，拼尽全力，但依然成绩还是不好，我还会爱他吗？"这个问题非常扎心，也会引起父母的反思。作者在结尾对这个问题做了详细的回答，进一步升华文章的主题，表明对孩子无条件的爱，以及"接受自己的孩子只是个普通人，对父母来说是一生的课题。"

结尾的六种方法，我们通过举例的方式，已经做了详细的介绍。接下来，我们再举个例子来讲解一下如何修改结尾。

学员上稿有书的文章《真正成熟的人，看什么都顺眼》，初稿的结尾是这么写的：

华枝春满，天心月圆。愿我们心里有火眼里有光，活成自己想要的模样。

定稿的结尾是这么写的：

华枝春满，天心月圆。
愿你我都能修炼出一颗澄明的心，活成自己喜欢的模样。在时光的流年里，看谁都顺眼。

初稿的结尾其实也写得挺不错，使用的是金句结尾法。但对比定稿的结尾，还是后者更好些。定稿的结尾同时使用了金句法和总结点题法。

初稿"愿我们心里有火眼里有光，活成自己想要的模样"这个金句用在其他文章的结尾，也完全没有问题。说明这个句子跟文章的主题相关性不是很大。

定稿的"愿你我都能修炼出一颗澄明的心，活成自己喜欢的模样。在时光的流年里，看谁都顺眼"这个金句非常优美，同时又呼应文章的主题。

"修炼出一颗澄明的心"呼应标题"真正成熟的人"，"在时光的流年里，看谁都顺眼"呼应标题"看什么都顺眼"。定稿的结尾比初稿更优美，更加紧扣文章主题。

同时使用金句法和总结点题法，是比较常用的结尾方法。一方面金句读起来朗朗上口，读者愿意转发；另一方面，金句呼应文章主题，再次强调文章的核心观点，更容易给读者留下深刻的印象。

六种方法写出精彩的结尾,让人忍不住分享转发

① 用总结点题法结尾

② 用金句法结尾

③ 用反问法结尾

④ 用引导行动法结尾

⑤ 用名人名言法结尾

⑥ 用自问自答法结尾

写不出精彩结尾时的方法

在写初稿的时候，我们不一定能想到一个精彩的结尾。遇到这样的情况怎么办？

我的方法是，先开始写，不要管结尾是否精彩。写完初稿后，再来修改结尾。

写开头也是如此，不用管开头是否精彩，先开始写，写完了再来修改。很多写作者对文章的开头不满意，写写删删好多遍还是不满意，内心备受挫折，影响了整篇文章的创作，甚至会因为写不出满意的开头而放弃写作。当你写不出精彩的开头，可以先不写开头，直接写后面的内容，写完文章，再根据我们介绍的八种方法来补上开头。

写结尾也是如此，可以参考前面介绍的这六种方法，选择其中一种使用，比如用名人名言法结尾。如果你一时想不起合适的名人名言，可以搜索关键词，从搜索结果中，挑选一句合适的名人名言来结尾。

如果你想用金句法结尾，一时又想不出合适的金句，可以使用改写金句的方法来创作。根据你喜欢的金句，参考它的格式，结合文章的中心思想，创作自己的金句。我们在第六章也会详细介绍金句的创作方法。

Tips

大家可以在写作的过程中刻意练习这些结尾的方法，不断尝试，你就能总结出，什么风格的文章适合用什么方法来结尾。

第五章

改出优质文章：
像编辑一样，不断修改优化文章

扫描二维码，关注公众号
输入"拆解"，
获取10篇爆款文章拆解案例

当你写好了文章的初稿，接下来要做的就是修改和打磨文章。好文章是改出来的，不是写出来的。

很多写作者，对写作存在一种幻想，认为别人下笔如有神，第一遍就能写出爆款文章。因此在写作的时候，会对自己写下的内容不满意，写写删删还是不满意，最后，可能会放弃写作。其实，这是对写作的一种误解。诺贝尔文学奖得主海明威曾说："任何初稿都是狗屎。"

你看到的是别人写的终稿，你以为别人是一遍就写出这么优秀的文章吗？不是，其实在你看不见的背后，别人不知道把这篇文章修改了多少遍。

古今中外，但凡文章写得好的人，都在修改上花了很多的工夫。美国知名小说家约翰·欧文曾说："修改是编辑的灵魂，作为一名小说家，改写占了我人生四分之三的时间。"大文豪托尔斯泰的《战争与和平》据说前后修改过7遍。海明威把《永别了，武器》的结尾重写了39遍，才让自己满意。

作为普通的写作者，我们更应该认真修改文章，而不是写完文章就直接发布。我们投稿的文章，都是需要经过多次修改的。我的学员希言上稿十点读书的文章《遇事最有水平的处理方法》修改了五六遍，从观点到素材到细节都做了修改，几乎每一句话都修改过。终稿跟初稿差距巨大，几乎是重写了一遍。这样的情况其实是非常普遍的。很多写作者在收到编辑的修改建议后，会拖延着不想修改，甚至因为要修改而弃稿。其实，我们的写作水平是在每一次的修改中不断提升的。再说，有专业的编辑给文章提修改建议，对提升我们的写作水平有很大帮助，一定要配合编辑，认真修改。

这一章，我将重点跟大家分享，该如何像编辑一样来修改文章，不断打磨自己的作品。

5.1
修改心态：
把写和修改分开，关闭头脑中的批评家角色

▎创作者角色：放飞想象力，快速创作

创作和修改是两件不同的事情。你在创作时是创作者角色，主要思考自己想要表达什么，要放飞自己的想象力，这时可以天马行空，无拘无束，想到什么就写什么，尽量快速地写作，不要重读写下的文字。因为一旦开始评判自己的文字，想象力和创造力就会受到限制。

修改文章时则应转换为批评家角色，要像编辑一样，带着批判的眼光来看自己的文章，要站在读者的角度来修改，要"心狠手辣"，大刀阔斧地删除写得不好的文字，比如删掉可有可无的内容，删去啰唆的句子等，确保修改稿比初稿更简洁。

但很多人写文章时，创作者角色和批评家角色同时出现。在写作过程中，"批评家"总是不自觉地冒出来，不断自我批评，让"创作者"根本不敢动笔写。比如，刚写下一个开头，"批评家"就跳出来说："你这开头也写得太平淡了，读者根本不感兴趣，写出来没人会看。""创作者"听到内心批评的声音，赶紧去修改。修改了一遍，"批评家"还是不满意，"创作者"继续修改，"批评家"依然不满意……来来回回修改了七八遍，"创作者"早已筋疲力尽，却连一个开头都还没写好。因此非常沮丧，放弃写作。

这就是很多人的写作过程，一开始热情满满，但写着写着，头脑中的"批评家"不断出现，不断自我批评或者自我攻击，导致"创作者"失去写作热情，甚至放弃写作。很多时候，我们不是在别人的批评下放弃写作，而是在自我批评下放弃了写作。

所以，在写作的过程中，要将创作者角色和批评家角色严格分离，让他们不要同时出现。在创作初稿时，只让"创作者"出现，想怎么写都可以，完全按照"创作者"的思路来创作，即使一开始写得不好，也没有关系，我们只需要快速地把头脑中的想法写下来。

批评家角色：严格把关，认真修改

在修改的过程中，要让"批评家"出来，像编辑一样，重新审视文章，并且提出修改建议。这个时候，"批评家"有什么想法，尽管提，一起汇总修改。两个角色分工明确，作为"创作者"时我们能以更快的速度创作文章，而不是总拖延不敢下笔；作为"批评家"时认真修改把关，文章质量一定不会太差。

写完文章之后，可以先放一段时间再来修改。刚写完文章，我们的写作思路、情绪并不能在短时间内从文章中抽离出来，很难做到客观地评判自己的文章。最好是让文章"冷却"一段时间，再来修改，往往能有新的发现。

修改文章时，按照先整体、后局部的顺序来进行。先从整体思考：文章的主题是否明确，选材是否合适，逻辑是否清晰；这些修改好之后，再去修改文章的细节，比如，用词是否精确，标点符号是否正确，是否有错别字等。如果先修改局部的字词句，修改完后，才发现文章写跑题了，或者选材不合适，那前面的修改也就白费了。

5.2
修改方法：修改文章五步法，打磨优秀文章

修改文章时，我们要像编辑审稿一样，仔细阅读整篇文章，给文章批注修改建议。具体该如何修改文章呢？下面给大家分享修改文章的五步法。

▎主题明确：主题是否明确，是否受读者欢迎

文章的主题是最核心的部分，我在第三章就跟大家强调了选题的重要性。

我们在修改文章时，首先要问自己，这篇文章的主题是什么，希望通过这篇文章向读者传达什么观点，或者给读者带去什么价值？

如果标题取得好，从文章的标题就可以看出主题，然后通读全文，看文章的核心观点是否是围绕主题展开的。

比如我写的一篇文章《想从零开始写作，5个方法让你轻松入门》，从这个标题就可以预判出这篇文章的主题是与写作相关的，目标群体是对写作感兴趣的读者。整篇文章围绕5个写作方法展开，做到了主题明确，内容围绕主题展开。

再来举一个主题不够明确例子。这是学员观看了电视剧《安家》后写的一篇文章，名为《〈安家〉：老洋房的思考，不要用小心思，重要的是这些》。首先从标题看，想表达的内容不够清晰：老洋房带来了哪些方面的思

考？小心思指什么？读者看到这个标题，不知道文章的主题是什么，会讲什么内容。

通读整篇文章后，发现文章主题不清晰、观点不明确，选取的素材也比较分散。文章的第一部分描述了电视剧《安家》的剧情，引出人性的恶；第二部分写的是"要常怀感恩"，讲到疫情期间的感人事件；第三部分写了一个家庭中母亲的重要性，通过家乡一个真实的故事来说明一个家庭没有好母亲是最大的悲哀；第四部分讲了家风的重要性。整篇文章的素材挺丰富的，有电视剧中的素材，也有真实的故事，但这些素材没有很好地服务于主题，读者读完文章，不知道文章的主题是什么，作者想要表达什么观点。

如果要修改，建议选择一个小的切入点，可以试试从这样的角度来写——《安家》3位母亲的结局：做事无底线的母亲，终究养不出优秀的娃。整篇文章从母亲的角度来写，这样就可以把第一部分、第三部分和第四部分的素材串联起来。第二部分描写的与疫情相关的内容，跟文章的主题相关度不大，可以直接删除。调整后的文章可以分为三部分，每部分有一个核心的小标题，根据小标题选取合适的素材；每部分可以先用一句话表明小标题的核心观点，再用案例来说明观点。通过这样的调整，文章的主题就清晰了很多。

各个平台的编辑在审稿时，一般先快速阅读文章，大致了解文章的主题和中心思想，判断是否符合自己平台的风格，进而决定是否要录用这篇文章。

▎结构清晰：结构是否清晰，每部分观点是否说明主题

主题确定好之后，接下来是检查观点是否能够说明主题。主题需要观点来支撑，观点需要素材来支撑，跟主题无关的观点要删除或者修改。

一般写文章的时候，可以采用小标题的方式，概括每一部分的核心观点。

我们来举个例子。文章《陈道明：生活就是一边清零，一边拥有》分为四部分讲述，每部分的核心观点用一个小标题来概括：清零无用社交；清零多余物质；清零无效信息；生活，边清零边拥有。

从四个小标题看出每部分都是围绕主题展开的，小标题也呼应了文章标题中"清零"这个关键词。

在修改文章时，我们要去思考，自己选择的核心观点是否能证明文章的中心思想。比如，文章的主题是"如何通过修改文章，快速提升文章质量"，但你的观点是"写作时断网可以快速提高写作效率"。虽然这个观点没错，而且也是读者关心的话题，但这个观点跟主题没有关系，所以要删除。

修改时，也要思考文章的结构，是总分总结构、并列式结构、递进式结构，还是SCQA结构。根据文章的观点和素材，调整文章的写作结构，使其更加清晰。

写初稿时，往往想到什么就写什么，因此初稿有时候会逻辑不清、详略不分、衔接不紧、结构松散。因此，修改文章时，要根据逻辑调整文章的结构，调整段落的顺序，避免出现前言不搭后语、段落之间缺乏衔接等问题，从而让文章的逻辑更清晰。

素材贴切：素材或案例是否合适，能否说明观点

修改时，要思考文章的素材或案例是否合适，是否能够说明文章的核心观点。

我们还是以文章《陈道明：生活就是一边清零，一边拥有》为例，第一部分的核心观点是"清零无用社交"，这部分作者举了年轻时的陈道明因为应酬多而身心交瘁的例子，然后又举了钱锺书先生对无用社交敬而远之的例

子。陈道明拜访了钱锺书先生之后，毅然清零所有的无用社交。这是两个典型的素材，都能很好地论证观点"清零无用社交"，而且用了正反对比的方式。这篇文章一共四个小标题，每部分的素材和案例都是围绕小标题的观点来举例说明的。

如果遇到不合适的素材或者案例，我们不要"心慈手软"，舍不得删掉。就像俄国作家契诃夫说的："写得好的本领，就是删掉写得不好的地方的本领。"

我们举例说明如何判断素材是否合适。有一篇文章的主题是反驳"房间凌乱的家庭，养不出有出息的孩子"这个观点。其中一个小标题的观点是：乱有乱的好处，房间可以乱，但父母要注意的是，房间乱不等于房间脏，二者是有明确界限的。

文章在论证这个观点时，使用了这样一个案例。同事晓晓曾交过一个男朋友，俩人是异地恋，有次放假她去看他，一开门，她被吓了一跳：桌子上是吃完未扔的泡面盒和各种零食袋子，地上到处是没洗的脏衣服和袜子，房间看上去至少一个月没打扫了。晓晓每次去大都看到这样的景象，她有些难以忍受了。沟通多次后男友仍然拒绝改变，晓晓最终提出了分手。

这个素材也是跟房间脏相关的，但主要讲的是男朋友房间乱的事情，跟父母教育孩子的相关性就没有那么强，所以这就不是典型的素材，也不是合适的素材，我们在修改的时候，应该把它删除。

在零基础写作训练营点评学员文章时，我看到这样一篇文章《〈安家〉：正确的爱情，到底长什么样》。文章是围绕电视剧《安家》里的爱情线展开的。但作者花了不少篇幅在讲《安家》的编剧六六现实的婚姻生活，一篇3500字的文章，有600多字写编剧的事情，这就是不合适的素材。文章可以简单介绍编剧的情况，但没必要花这么多篇幅来讲。

我们在修改文章时，一定要问自己"这个案例跟文章的核心观点相关吗？这是典型的素材吗？这个素材有说服力吗？"如果答案是否定的，就应该果断删除或者修改这些相关度不高的素材。

▎细节修改：标题、开头和结尾是否有吸引力

文章的标题、开头和结尾的重要性，我在第四章里重点介绍过。所以，我们在修改文章时，也要重点修改这三个部分的内容。在创作初稿时，我们不一定能想到精彩的开头和结尾，以及爆款的标题。没关系，这些可以在修改文章的时候，再来优化。

修改时，可以站在整篇文章的角度来思考，开头怎么写更有吸引力，结尾怎么写能给读者留下深刻印象，使他们主动转发文章到朋友圈。开头和结尾的写作方法，可以参考第四章的介绍。

文章的标题是重中之重，可以结合文章的主题，多想几个标题。如果自己没有把握哪个标题更有吸引力，可以列出2~3个标题，发微信群或者读者群投票。

▎文辞修改：段落安排是否合理，是否有错别字

首先，要看文章的段落安排是否合理。自媒体文章的段落不要过长，一段话尽量控制在50字以内。如果整篇文章只有三四段，每段至少五六百字，这样的文章排版出来，读者的阅读体验是比较糟糕的。所以我们在修改文章的时候，遇到过长的段落，可以将其分为几个小段落。

其次，要检查文章的语言。修改时，要一句一句地阅读，必要的话，还可以大声朗读。在朗读的过程中，你会发现写得不通顺的地方、啰唆的地方、用词不精准的地方，一边朗读，一边修改。

修改文章五步法，打磨优秀文章

⑤ 段落安排是否合理，是否有错别字

④ 标题、开头和结尾，是否有吸引力

③ 素材或案例是否合适，能否说明观点

② 结构是否清晰，每部分观点是否能说明主题

① 主题是否明确，是否受读者欢迎

最后，要检查一下是否有错别字。电脑打字，难免会有一些打错或者不小心选错的字，修改时要认真阅读，不要放过任何一个错别字。

为了大家在文章发布之前更好地修改和检查，我列了一个文章发布前的自检清单。

检查项目	检查关键点	检查结果
文章的标题	1. 标题是否有吸引力 2. 标题是否使用了取爆款标题的方法 3. 标题是否能概括文章的中心思想	通过/没通过
文章的开头	1. 开头是否有吸引力 2. 开头的铺垫是否过长 3. 开头是否有代入场景，引发读者共鸣	通过/没通过
文章的内容	1. 内容是否与主题相关 2. 文章的素材/案例是否有3个以上 3. 文章的素材是否能论证核心观点	通过/没通过
文章的结构	1. 结构是否清晰 2. 每部分是否用小标题标出 3. 小标题的顺序是否合适	通过/没通过
文章的结尾	1. 结尾是否有力，给读者希望 2. 结尾能否激发读者转发 3. 结尾是否有引导读者留言和点赞	通过/没通过
文章的金句	1. 是否有引用名人名言 2. 是否有3句以上的原创金句 3. 金句是否有加粗	通过/没通过
文章的配图	1. 配图是否与文章相关 2. 配图与文章的搭配是否合适 3. 配图是否为免费正版图片（避免侵权）	通过/没通过
文章的排版	1. 排版是否清晰易读 2. 图片是否太多、太长 3. 行间距、段间距是否合适 4. 文章是否有错别字 5. 重点的关键句是否加粗变色 6. 文章结束后，是否有作者简介 7. 文章发布时，是否有标注原创，添加赞赏账号 8. 文章的封面图是否清晰，是否有吸引力	通过/没通过

5.3 案例讲解：用真实案例，手把手教你修改文章

前面详细介绍了如何像编辑审稿一样修改自己的文章。本节我们选一篇文章来具体讲解如何修改。

其实，修改一篇文章所花费的时间，比写一篇文章还要长。修改的过程是跳出作者思维，站在读者的角度思考，像阅读一篇别人写的文章一样来进行修改。

修改前：标题普通，缺乏细节，多处表述错误

下面这篇文章是我的助理Sherry写的，主题是加入团队的四个月学到了什么。

我们先来看一下这篇文章的原稿，以及批注的修改建议。文章交稿前Sherry自己已经修改过好几遍。

这篇文章整体内容还可以，主题明确、结构清晰。文章主要讲的是Sherry加入核心团队之后的三点收获：清单思维、复盘思维和精进思维。但一些细节方面还需要提升，尤其是文章的标题和开头部分。文章的标题和开头非常重要，会影响文章的点击率和读完率。

你先阅读一下这篇文章的原稿和修改建议，后面我会放上这篇文章的终稿，对比原稿和终稿，你就能感受到修改的重要性了。

第五章　改出优质文章：像编辑一样，不断修改优化文章

加入弘丹老师核心团队这四个月，我学到了什么

标题概括了文章的主题，但不够有吸引力，建议换一个更有吸引力的标题

大家好，我是Sherry，弘丹老师的助理。

写在前面的话：

这句话放在这里有点突兀，可以直接删除

2020年的开始并不友好，同感。

和什么有同感呢？描述偏意识流，建议说明前因后果

2月的一天，我坐在电脑前面抱着三个手机大哭。

突然讲2月的一天的事情，有点突兀，前面需要铺垫一下

那一刻我十分想扔掉手机，想清空所有的微信记录，什么也不管了。爸爸在旁边看着我，对我说"要不就别做这份工作，算了。"不行，也许是早已深入骨髓的坚持，我要继续。

删掉"想"，跟前面重复

这里的转折有些突然，建议多描写一些心路历程以及为什么要继续做

那天的任务有微信日常回复消息，建立今日头条合作领域微信群，朋友圈发布，商务合作对接……有些记不清了。这是我的日常工作，只是那天手机特别卡，所以就导致情绪爆发了。

当天的工作任务可以描写得更具体些，比如，有几百条消息等待回复等

前面用了省略号，说明除了提到的这些工作，还有其他的。"有些记不清了"这句话有点画蛇添足

有人说，如果你能看到痛苦的背后就是礼物，那收获将是巨大的。

情绪爆发之后呢，是怎么处理的？

这句话要衔接下一段的内容，可以增加过渡句。比如，有人说："痛苦的背后就是礼物"，我也想知道这次情绪爆发带给我的礼物是什么

夜晚当我在房间里回想这件事情的时候，过去四个月的经历像翻书一样闪过脑海中。

句子不通顺，比如修改为：过去四个月的经历就像电影一样在脑海里一幕幕闪现

155

2019年10月我加入弘丹老师的核心团队，加入之前正是我特别焦虑迷茫的时刻，感觉生活没有方向，朝九晚六和安逸的办公室生活甚至让我变得有些压抑。当我成为弘丹老师的助理后，不仅每天过得特别充实，同时也清晰了自己的人生愿景。

> 句子搭配不当，比如修改为：加入之前，我正处于特别焦虑和迷茫的状态

> 内容可以再扩充一些。比如：朝九晚六的办公室生活看起来很安逸，但每天上班只是重复做简单的事情，没有任何成长，也不知道职业的发展方向，这让我感到有些压抑

> "不仅"一般和"而且"搭配

进步最快的方式之一是靠近牛人，模仿牛人，跟随弘丹老师工作的日子里，我有哪三点收获呢？

1.清单思维

弘丹老师每天都会在工作群发每日规划，每次开会的时候也会让每个核心团队的小伙伴说一下下周规划。

虽然我知道规划是一件特别好的事情，但我还是不想做，弘丹老师依然每天坚持做。生命是会影响生命的，有一天我就在幕布上写下了自己的今日规划，当时只是为了测试幕布的体验感，神奇的事情发生了，等我晚上睡前翻看今日规划的时候，竟然写下的每一件事情都实现了。

> 做规划
> 说明一下不想做的原因

那天，每当我完成一件事就会去规划后面打钩，同时也知道自己接下来要做哪件事情，然后就一件一件完成了。

后来，我还把这个每日规划做了升级。当我每天醒来，就会在X-Mind上用思维导图的方式列出自

> 不需要加"当"，每天醒来，我就会在……

己今日完成的工作，还一一拆解了每个工作需要完成的步骤和需要的物料。　　　　　　　　　　　需要完成

现在我特别享受每天醒来做好规划，建立清单思维行动的感觉。这不仅让我的工作提高了效率，也让我有了更多好好生活的时间。　　　　　　　句子存在多个动词，建议删掉"思维行动"

2.复盘思维

曾经我最不喜欢，或者是我一直在逃避的就是复盘，总是觉得复盘就是要面对自己的失误，那种感觉真是难过极了。　　　　　　　　　　　　删掉

但是，这次我却爱上了复盘，尤其是每当看到弘丹老师写的周复盘和月复盘，我的内心就忍不住佩服和感叹。　　　　"这次"，读者不知道是哪次，建议修改为"现在"

有一次，我问弘丹老师怎么样才能像她一样输出那么多复盘，老师说可以建立一个日程表，做一件事完成一件事，等到周日回顾下，看看自己上一周做了什么，还有那些地方是可以提升的。
　　　　　　　　　　　　　　　　　　　　　句子不通顺

做了一件事，就在日程表中记录，并标记这件事花了多长时间

复盘才能翻盘。

等到周日写复盘文章时，就可以回顾这一周自己做了哪些事情，有哪些地方可以提升和优化

现在我每天会回顾总结自己当日做了哪些事情，在每件事情上所花费的时间，以及每天的事情优先级是怎样的。

每天坚持进步一点点，结果看得见。

157

精进写作： 如何成为一名写作高手

> 复盘不仅让我清晰地知道自己每天事情的完成度，也让我对生活多了"勇气"。曾经那个遇到事情会逃避的女孩，现在已经是会勇敢面对问题和解决问题的大人了。

_{读者应该怎样做复盘呢？有好的方法论吗？}

3.精进思维

当我看到朋友圈很多小伙伴都在说每天进步1%时，就会开始产生自我怀疑，因为我总是没有感觉到进步。

_{背景信息可以多交代一些。比如，以前，我看到别人在朋友圈分享，每天进步1%，一年就会有很大的进步。我总是会不相信，因为我自己感受不到进步}

加入核心团队后，我的观念变了，一是因为身边的人每天都在进步，二是因为自己终于也有了这种"进步"的心流。

_{用词不当。建议用"感觉"}

10月进入核心团队后，一开始完成的是整理性质工作比较多，尤其是学员信息管理这方面，我用了很长时间来熟悉。那时我对自己说，要在每一个环节都想着如何做得更好，所以一直在优化流程。未来我们也会建立更完善的学员管理系统，帮助更多学员实现写作梦想。

_{句子不通顺。建议修改为：刚接手工作时，整理性和事务性的工作比较多}

_{建议改为：比如说学员信息登记}

_{有具体的事例吗？以前是怎样的，现在又是如何优化的？有具体事例会更有说服力}

_{建立学员管理系统和帮助学员实现写作梦想的相关度不大，前后衔接不紧密。建议修改为"可以更加高效地登记学员的信息。"}

同时我也将学到的精进思维应用到其他事情上，慢慢地，我发现自己能够做好更多事情了。

到现在无比感恩遇见弘丹老师，遇见核心团队的小伙伴。2020年我的关键词是专注，专注服务学员，专注提升"弘丹写作成长学院"的影响力。

第五章 改出优质文章：像编辑一样，不断修改优化文章

<u>对了，今年还有一个重要目标，就是专注于写</u>　在结尾的部分，可以总结升
<u>作，因为我是弘丹写作社群的一员。</u>　华一下

点评Sherry的文章时，发现细节上的问题比较多，有些句子不通顺，有些词语搭配不当。我给她的建议是，写完文章自己多朗读几遍，在朗读的过程中，可以发现那些不通顺或者搭配不当的地方，一边朗读一边修改。

修改后：故事法标题，细节动人，表述清晰

Sherry根据建议，重新修改了文章。终稿的最大亮点是在文章的标题上。原稿的标题《加入弘丹老师核心团队这四个月，我学到了什么》还是比较普通的，中规中矩。标题概括了文章的主题，并且用了提出疑问的取标题方法，但还差一些吸引力。

终稿的标题《爸爸劝我说"要不就别做这份工作，算了"，是什么让我坚持下来》充满了故事味道，看到标题，读者的好奇心即刻被激发：到底是什么样的工作，爸爸劝她不要做了？既然爸爸都劝她不要做了，为什么她还要坚持？带着这一系列的疑问，读者迫不及待想点击阅读。我看到这个标题时，一下子被吸引住了。这个标题采用了三种以上的取标题方法，一是故事法，标题包含了一个故事；二是对话法，在标题里加入了与爸爸的对话；三是疑问法，标题里提出了疑问"是什么让我坚持下来"。好的标题可以大幅度提高文章的阅读量。

开头部分修改比较多，原稿的开头部分写得过于简略，背景信息交代不全。读者被标题吸引进来，很想弄清楚事情的来龙去脉。原稿对于事情的描述过于简单，缺乏细节，读者的代入感不强，也很难引起共鸣。

终稿的版本，把事情的来龙去脉描述得更加详细，读者在阅读的过程

159

中，会有画面感，能想象出当时的场景。同时，也会感同身受，想起自己某次因为工作量大而崩溃的情境。

终稿也增加了不少细节描述，比如"一边任凭眼泪流着，一边继续回复学员消息，看着一个个消失的红点，我内心成就感满满。""那天的任务有回复上百条微信消息，建立今日头条合作领域的微信群，朋友圈输出写作知识点，对接商务合作……"

这篇文章发布在公众号"弘丹在写作"上，成为一篇小小的爆款文章，文章的阅读量和留言都不错。写作社群的很多学员看了Sherry写的文章，纷纷留言给Sherry，留言超过了100条。

比如三月留言说："Sherry是个特别认真负责的女孩子，这个人设我给满分。不仅如此，她还特别有想法，会想着怎样迭代烦琐的工作，也非常积极主动地为我们所有学员热情服务。相信那天Sherry的情绪，在手机另一端的你一定没有觉察吧，这就是她的专业素质。未来一年，一起加油工作，一起深耕写作。"

学员Sameal留言："Sherry老师每次都很有耐心地回答问题，解决问题，现在我才知道原来她这么辛苦，不过她这么温柔，肯定是学员都喜欢找她啦，反正我是最喜欢她了。"

学员陶陶留言："Sherry老师真的很棒，每次有问题都会耐心地回复。看了这篇文章，我深刻地了解到你背后的忙碌，更被你的认真负责所打动。你的这三点总结也深深影响了我，向你学习，认真做好规划和复盘，不断精进自己。P.S.昨晚连夜下了幕布，真的很好用，谢谢分享！"

Sherry看到学员的留言非常感动。同时，Sherry爸爸也看到了这篇文章和留言，爸爸看到女儿的工作能影响这么多人，说她在做一件非常有意义的事情。

以下是这篇文章的终稿。

爸爸劝我说"要不就别做这份工作，算了"，是什么让我坚持下来

大家好，我是Sherry，弘丹老师的助理。

今天的文章，我将与大家分享自己加入弘丹老师团队这4个月来的成长收获，希望对你们有所启发。

以下，是文章的正文。

2020年的开端，并不友好。

过年期间，因为疫情全家人不得不在家隔离。

每天醒来第一件事情就是看新闻，为武汉担心。

自己和家人稍微咳嗽或身体不适，便忐忑不安，生怕发生意外。因为我的工作主要是以线上为主，所以隔离期间依旧照常工作。

有一天下午，我坐在电脑前面抱着三个手机大哭。

身心俱疲，情绪爆发。那一刻，我十分想扔掉手机，清空所有的微信记录，什么也不管。

爸爸在旁边看着我，对我说"要不就别做这份工作，算了。"

那一瞬间，我特别感动，居然有一个男人对我说可以不用工作。

不过，这不符合我"认真负责"的人设。

我要继续！

一边任凭眼泪流着，一边继续回复学员消息，看着一个个消失的红点，我内心成就感满满。

现在想起当时的画面有点想笑，也有点佩服那刻的自己。那天的任务有回复上百条微信消息，建立今日头条合作领域的微信群，朋友圈输出写作知识点，对接商务合作……

这是我的日常工作，只是那天手机特别卡，所以导致情绪爆发。

有人说:"痛苦的背后就是礼物",我也想知道这次情绪爆发带给我的礼物是什么。当天夜晚,我在房间回想下午发生的事情,过去4个月的经历就像电影一样在脑海里一幕幕闪现。

2019年10月,我加入弘丹老师的核心团队。加入之前,我正处于焦虑迷茫的状态。朝九晚六的办公室生活看起来很安逸,但每天上班只是重复做简单的事情,没有任何成长,也不清楚职业的发展方向,这让我感到有些压抑。

当我成为弘丹老师的助理后,不仅每天过得特别充实,而且也清晰了自己的人生愿景。

快速成长的方式是靠近牛人,模仿牛人的思维方式,升级自己的思维。跟随弘丹老师工作的日子里,我有哪三点收获呢?

1. 清单思维

弘丹老师每天都会在工作群里发当天的工作规划,每次开会的时候也会让核心团队的小伙伴们说一下下周规划。虽然我知道做规划是一件特别好的事情,但因为"拖延"的原因,还是不想做。

我看着弘丹老师每天坚持做,生命是会影响生命的。

有一天,我在幕布上随手写下自己的今日规划,当时只是想体验一下思维导图软件。

神奇的事情发生了,当我晚上睡前翻看今日规划的时候,发现自己写下的每一件事情竟然都完成了。那天,我在幕布上写好规划,每当完成一件事,就在这件事后面打钩,然后看接下来要做哪件事,一件一件去完成当天的任务。

后来,我还把这个每日规划做了升级。每天醒来,我就会用思维导图的方式列出自己今日需要完成的工作,还一一拆解了每个工作需要完成的步骤和需要的物料。现在我特别喜欢每天醒来做好规划、建立清单的感觉。这也让我提高了工作效率,缩短了工作时间。

2. 复盘思维

曾经我最不喜欢，或者说一直在逃避的，就是复盘。

以前总觉得复盘就是要面对自己的失误，那种感觉真是难过极了。但是，现在我却爱上了复盘，尤其是看到弘丹老师写的周复盘和月复盘文章，我的内心就忍不住赞叹，同时也非常佩服。

有一次，我问弘丹老师怎样才能像她一样在复盘的时候，详细写下自己做了什么事情。老师说可以建立一个日程表，做了一件事，就在日程表中记录，并标记这件事花了多长时间。等到周日写复盘文章时，就可以回顾这一周自己做了哪些事情，有哪些地方是可以提升和优化的。

复盘，才能翻盘。

现在我每天都会回顾总结自己当日做了哪些事情，在每件事情上所花费的时间，以及每天的事情优先级是怎样的。每天坚持进步一点点，结果看得见。

复盘让我开始审视每日的工作和生活，我在哪些事情上花费的时间比较多，又没有重视哪些事情。

例如，我一直在忽视自己的健康，因为经常熬夜，导致我经常感到精力不足。今后，我会在健康方面投入一些时间，毕竟健康是一切的前提。

拥有复盘思维，也让我对生活多了份勇气。曾经那个遇到事情会逃避的女孩，现在已经是勇敢面对问题和解决问题的大人了。遇见事情，首先想到的是我要如何做得更好，而不是我不行。

3. 精进思维

以前，我看到别人在朋友圈分享，每天进步1%，一年就会有很大的进步。我总是不相信，因为我自己感受不到进步。

加入核心团队后，我的观念变了，一是因为身边的人每天都在进步，二是因为自己终于也有了这种"进步"的感觉。

2019年10月我加入核心团队。刚接手工作时，整理性和事务性的工作比较多，比如学员信息登记，我花了很长时间来熟悉。

那时我对自己说，要在每一个环节都想着如何做得更好。比如在统计学员报名信息时，我们用新工具代替了原来的方式，一是保护学员的信息，二是降低学员信息可能被覆盖的概率。未来，我们也会建立更完善的学员管理系统，可以更加高效地登记学员的信息。

同时，我将学到的精进思维应用到其他事情上。慢慢地，我发现自己能够做好更多事情啦。

2020年我的关键词是专注，专注服务学员，专注提升"弘丹写作成长学院"的影响力。

对了，今年还有一个重要目标，就是专注于写作，因为我是弘丹写作社群的一员。

对于未来，Sherry也有一份自己的期待。

- 创造更多好玩有趣的线上线下活动。
- 10倍提升"弘丹写作成长学院"的影响力。
- 2020年通过写作帮助1000人实现梦想。

在弘丹老师团队的这4个月，我的人生似乎重新"升级"了。无比感恩遇见弘丹老师，遇见核心团队的小伙伴们。

2020年，Sherry陪你一起成长。

5.4
拆解文章：拆解爆款文章，快速提升写作能力

想要快速提升自己的写作能力，有一个非常好的方式，就是拆解优秀的文章，学习优秀文章的写作方法，然后运用到自己的文章中。

我们说的模仿，是模仿写作方法，而不是模仿文章内容。每个人的思想是不一样的，我们模仿别人的内容，就是在模仿别人的思想。

下面我选一篇文章来详细讲解拆解文章的三步法。

拆解步骤：三个步骤拆解爆款文章，学以致用

《再爱孩子，也要他承受这4种苦》是一篇爆款文章，作者是塞柏。这篇文章被十点读书、洞见等很多大号转载，阅读量很高，引起了很多人的共鸣。下面我们就拿这篇文章举例说明如何拆解爆款文章。

第一步，拆解文章的选题。

这是一篇育儿类的文章，我相信很多父母一看到这个标题就会感兴趣，很想知道到底应该让孩子承受什么样的苦。除了父母会感兴趣，已婚或者未婚的年轻读者也会感兴趣，就像一些亲子类节目，很多观众都是还没有孩子的年轻人。

这篇文章的选题很明确，就是要教孩子承受4种苦。一般父母的想法都是让孩子少吃点苦，而这个选题却反其道行之，要让孩子承受苦。所以选题

成功引起读者关注。

我们在写文章的时候，要提炼好选题。选题是写作非常关键的一步，写之前要先问问自己，这个选题会有人关注吗，能引起读者的共鸣吗？我们要选择那些能够引起读者的兴趣和共鸣，而且受众群体大的选题来写。

第二步，拆解文章的结构。

这是拆解文章的重中之重，把文章结构梳理清楚，对提升自己的写作逻辑会有很大的帮助。

我们来看这篇文章的结构。通读整篇文章之后，我们马上就能看出，这篇文章采用总分总结构，分论点是并列结构，并列讲了要让孩子承受的4种苦，分别是：独立的苦、读书的苦、成长的苦和生活的苦。

文章的开头，作者用《战国策》的一句话"父母之爱子，则为其计深远。"这句话很多读者都熟悉，作者用这句话引入了文章的主题"父母疼爱孩子，不应该只体现在一时的溺爱上，而是应该为其计划长远，让孩子能在离开父母的庇护之后，依旧可以很好地生活。"

文章的结尾，引用了杨绛先生的话"如要锻炼一个能做大事的人，必定要叫他吃苦受累，百不称心，才能养成坚忍的性格。"并用金句结尾："世上没有白吃的苦，今天吃的苦，都铺成了明天更好走的路。千万别在该吃苦的年纪，让孩子选择安逸，舍得让孩子吃苦，他才能收获不一样的人生。"

文章的主体部分是孩子要承受的4种苦，每一部分用小标题的方式分别列出，结构非常清晰，读者阅读时也能清楚知道是哪4种苦。每一部分都详细地举例论证小标题的观点，使父母意识到让孩子吃苦的重要性。

我们自己在写文章时，也要使用清晰的写作结构，让读者一眼就能看懂，并且留下深刻的印象。

第三步，拆解文章的素材。

一篇文章主要是由观点和素材构成的，所以在拆解文章时，要重点拆解文章的素材。

我们一起来拆解这篇文章的素材，看看作者是如何串联素材来证明自己的观点的。

文章的开头引用的是《战国策》里的一个故事，用两段话113个字就讲清楚了。这一点值得我们学习。很多新手作者在开头引入主题时往往比较拖沓，四五百字还没讲完；或者在引用素材时，长篇大论，啰里啰唆，五六百字还没把事情说清楚。开篇的铺垫不要太长，要简洁有力，迅速抓住读者的注意力。

除了引用《战国策》的例子，文章的开篇还引用了屠格涅夫的名言"你想成为幸福的人吗？那么首先要学会吃苦。"从而引出主题"能吃苦的人，一切的不幸都可以忍受，天下没有跳不出的困境。有远见的父母，即使再爱孩子，也舍得他承受这4种苦。"

以上是开篇部分，用了两个素材引出文章的主题。

第一个部分的小标题是"独立的苦"。这部分作者用了一个热点素材，即朋友圈刷屏的"番茄炒蛋"热点事件：一个初到美国的留学生，想要做番茄炒蛋招待自己的同学，不知道怎么做，就发语音向国内的妈妈求助，妈妈凌晨4点钟起床拍视频给他示范。

作者用这个素材来说明培养孩子的独立性有多么重要，真正的教养是帮孩子建立完整的人格，同时教会他们独自面对世界，而不是事事替孩子操心，不敢放手让孩子独立面对世界。

第二个部分的小标题是"读书的苦"。这部分作者用了一个自己身边发生的真实的故事作为素材。作者端午节回家，遇到一个老乡。作者问老乡高考考得怎么样，老乡说比去年好太多。作者继续讲述了这个老乡第一年高考结束后出去打工，辛苦工作一个月才挣1000块钱。体会到打工的苦之后，老乡意识到"读书的苦，是有尊严的苦"，所以第二年复读非常用心，取得了不错的成绩。作者用这个素材来说明观点"在孩子想偷懒的时候，逼他一把，在他想放弃的时候，鼓励他一下，总有一天，他会感谢今天为读书吃的苦。"

第三个部分的小标题是"成长的苦"。这部分作者用了两个明星的素材来论证自己的观点：周杰伦小时候学钢琴很辛苦，刘宪华小时候学小提琴时也曾想放弃，但父母不同意，他们长大之后都十分感谢父母对自己的栽培。

第四个部分的小标题是"生活的苦"。这部分作者用了姜文导演带着孩子到新疆锻炼的案例，来论证自己的观点"吃过苦的孩子，更珍惜当下的生活。"

在文章结尾的时候，作者引用了杨绛先生的句子来再次证明自己的观点，同时用一个金句结尾。

这篇文章的素材并不是特别多，但用得比较贴切，每个素材都能分别证明各部分小标题的观点。这就是素材的作用，它们是为观点服务的。

这些素材，我们平时可能都在朋友圈或者新闻里看到过，比如像"番茄炒蛋"的热点事件，再比如像周杰伦学钢琴的故事，但我们在写文章的时候，有没有想过把这些素材应用到自己的文章里呢？

所以，我们平时要养成积累的习惯，看到素材就记录下来，并且多问问自己：这个素材我可以用在什么类型的文章里？能证明什么观点？这样，下次写文章的时候，就能想起去素材库里找了。

这篇文章之所以能引起很多人的共鸣，也是因为作者体现出了共情的能力。这种能力是作为一名写作者必须具备的能力。我们写文章，要为读者发声，要说出他们想说的话，要说到他们的心坎里去。

以上就是我们对整篇文章的拆解，相信大家仔细拆完一篇文章，一定会有很大的收获。平时可以多选一些优秀的文章，自己来练习拆解。你拆解的文章越多，你的写作就会进步越快。

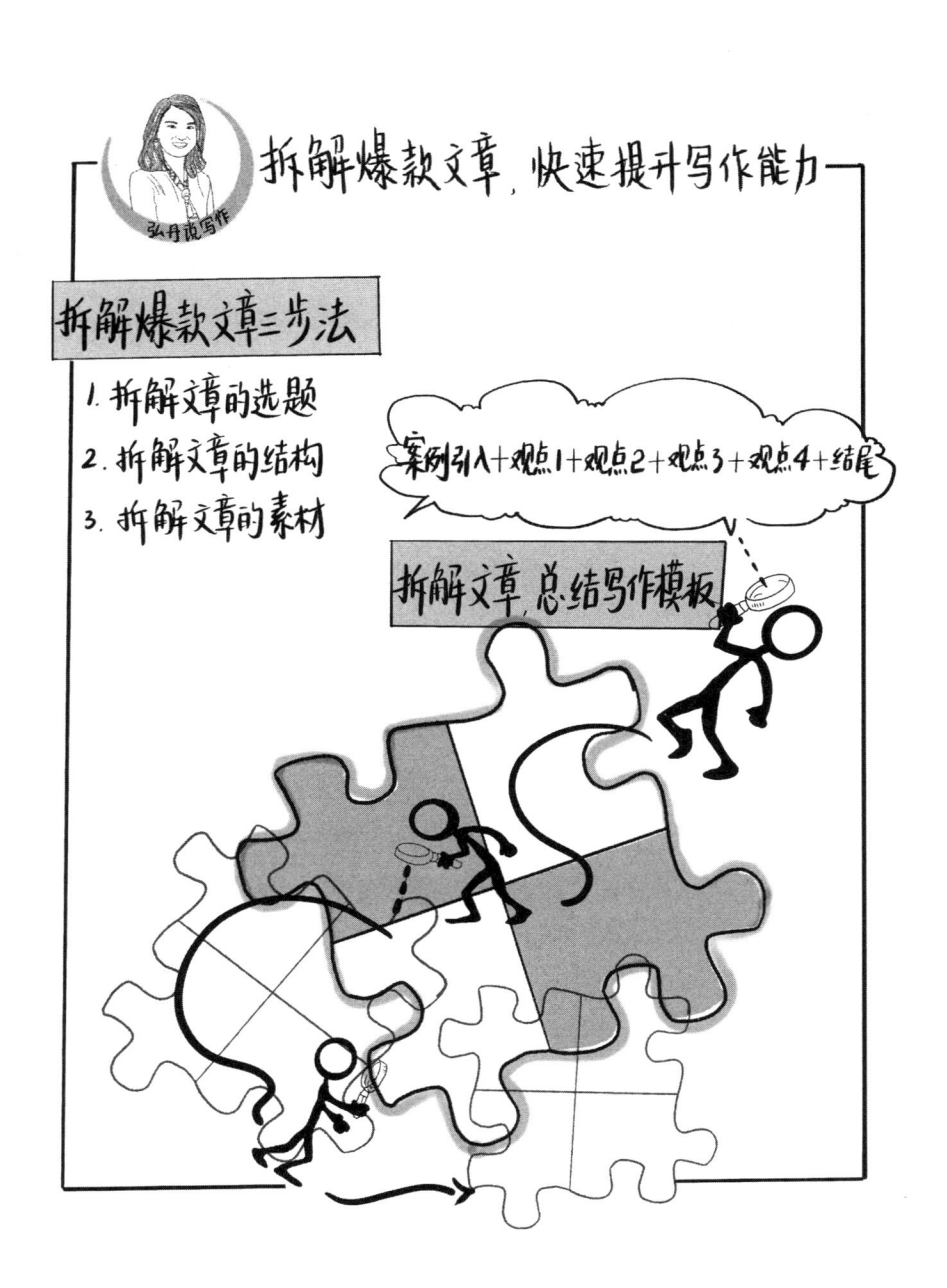

第五章 改出优质文章：像编辑一样，不断修改优化文章

拆解爆款文章，快速提升写作能力

弘丹说写作

拆解爆款文三步法

1. 拆解文章的选题
2. 拆解文章的结构
3. 拆解文章的素材

案例引入+观点1+观点2+观点3+观点4+结尾

拆解文章，总结写作模板

总结模板：总结爆款文章的写作模板，拆为己用

通过拆解文章，可以总结出一些写作模板。根据我们在上一节里拆解的文章，总结出一个写作模板，它的结构是：**案例引入+观点1+观点2+观点3+观点4+结尾。**

开头用一个案例引入，这个案例可以是热点事件，可以是生活事件，还可以是引用的素材。正文部分分为三或四个小部分，每个小部分提出一个观点，再用相关的素材进行论证，最后在结尾总结升华。

这是一种很常用的写作模板，如果你不知道怎么写作，可以尝试用这种模板来写。

拆解优秀的文章，我们一方面可以学习优秀文章的写作方法，另一方面，也可以从文章中收集写作素材，这些素材和案例，可以在你下次写文章时使用。

在拆解文章时，可以给拆解的文章绘制思维导图，这样能使结构更加清晰。

我们再来总结一下，拆解文章时重点要拆解的是选题、结构和素材，把握好这三部分，也就抓住了一篇文章的精髓。同时，通过拆解文章，我们还能总结出写作模板供自己使用，这对今后的写作也有很大的帮助。

第六章

坚持内容为王：
持续创作对读者有价值的内容

扫描二维码，关注公众号
输入"故事写作"，
获取10个故事写作方法

6.1
故事写作：如何写出一个有吸引力的故事

讲故事是一种经久不衰的表达形式，人人都爱听故事、看故事，我们的生活离不开故事。每个人的人生经历是故事，我们看的影视剧是故事，谈话的内容也离不开故事。可以说，故事是每个人生活中最不可缺少的一部分。

甚至人类就是靠讲故事主宰地球的。《人类简史》的作者尤瓦尔·赫拉利说："人类之所以成为地球的主宰，就在于人类能创造并且相信'虚构的故事'"。柏拉图也曾说过，"谁会讲故事，谁就控制世界，谁就拥有整个世界。"

我们在写文章、演讲的时候，讲故事比单纯讲道理更容易吸引读者或者听众的注意力，就像罗振宇说："笨拙的人讲道理，聪明的人讲故事。"

小孩子都喜欢听故事，其实大人也一样，喜欢看故事。从古至今，故事一直都有很好的市场，故事文也是读者非常喜欢的一种文章类型。故事的形式会随着时代的发展有一些变化，但其内核是不变的。

作为写作者，为什么要学习写故事？

一方面，写故事可以让我们重新梳理人生。写自己的故事，可以重新梳理自己的人生，在书写的过程中，说不定能发现自己生命的脉络，对未来的发展也会有一些启发；写别人的故事，对自己的人生也会有很多启发，我们可以从别人的故事中吸取经验，指导自己的生活。

另一方面，在写故事的过程中，我们的写作能力也能得到锻炼。写故事需要设置冲突，埋下伏笔，虚构和想象是必不可少的。写故事可谓一举多得，能够快速提高写作者的写作水平。

故事框架：掌握写故事的通用框架

写故事并不难，难的是把故事写得有吸引力，让读者在阅读故事时深深地被吸引。

在写故事之前我们要先搭好故事的框架，也就是我们说的列大纲，故事里有几个主要人物，他们之间的冲突是什么，结局是什么，这些都要提前考虑好。搭建好框架后，再来填充素材，撰写故事。

要写出有吸引力的故事，非常重要的三个要素是：人物、悬念和冲突。好的故事是人物、悬念和冲突的有机结合，每个要素都会影响故事的全貌。正如创意写作书籍《情节！情节！通过人物、悬念与冲突赋予故事生命力》的书名所展示的。

人物是故事发展的动力，人类的期望和需求推动故事的发展，并决定故事的发展方向。

故事通常会从一个充满欲望的人物开始，他努力克服成功道路上的各种障碍，这就是故事的简单模式："主人公—困境—解决困境"。

把"主人公—困境—解决困境"的故事模式再扩充一下，就是英雄之旅的框架。提出这个框架的是神话学大师约瑟夫·坎贝尔，他研究全世界的各类神话传说，发现了一个叙事规律，那些能够流芳百世的英雄历险神话故事，剧情上都有一个共通之处，即英雄之旅。

> **Tips**
>
> 坎贝尔在《千面英雄》里做了这样的总结："英雄从日常的世界勇敢地

进入超自然的神奇区域,在那里遇到了传奇般的力量,取得了决定性的胜利,英雄带着这种力量从神秘的冒险之旅中归来,赐福于他的人民。"

好莱坞很多电影创作都是基于这个框架的,无论是J·K·罗琳的《哈利·波特》,还是《黑客帝国》等,用的都是这个叙事框架。

许荣哲根据英雄之旅,总结了一个写故事的框架,这个框架包含:目标、阻碍、行动、结果、意外、转折、结局。

根据这个框架,许荣哲概括了写故事的七步法。在写故事的时候,回答以下的7个问题,根据问题的答案,就能创作出一个完整而有吸引力的故事。

- 主人公的目标是什么?
- 有了目标之后,他遇到了什么阻碍?
- 为了实现目标,他如何努力克服阻碍?
- 努力之后,结果如何?
- 发生了什么意外?
- 意外发生后,情节如何转折?
- 最后的结局是什么?

故事方法:写出精彩故事的四个步骤

第一步,开头设置冲突和悬念。

好的开头是成功的一半。开头不要太直接,也不能入戏太慢,尽量以冲突或悬念来吸引读者的注意力和好奇心,让人忍不住往下阅读。

比如法国作家莫泊桑的代表作《项链》的开头是这么写的:

世上有些美丽动人的年轻女子，就像是被命运捉弄了一样，出生在小职员的家庭；她便是其中一个。她没有嫁妆，没有希望，没有办法使一个既有钱又有地位的人结识她，了解她，爱她，娶她；所以，她只好把自己嫁给一个在国民教育部供职的小职员了。

开篇用反差的方式吸引读者的注意力。一个美丽动人的年轻女子，却出生在一个小职员家庭，没有办法结识既有钱又有地位的人，不得已嫁给了一个小职员。这句"像是被命运捉弄了一样"，也为后面发生的故事埋下了伏笔。

我们再看这篇故事《妈妈再婚了，嫁了个傻子，爸爸一辈子都在替别人养孩子》，开头是这么写的：

据说妈妈怀我的时候，爸爸不同意把我生下来。
37岁，初婚，中年得子，任谁都得喜出望外。
可他，偏偏固执得像头牛，执意不肯要我。
若不是姑姑风尘仆仆地赶来，这个世界就不会有我了。
姑姑气急了，骂我爸是傻子。

开篇第一句就勾起了读者的好奇心，为什么妈妈怀孕时，爸爸不同意把孩子生下来？任谁都会喜出望外，而爸爸却不想要这个孩子，是因为什么呢？开头设置了悬念，读者会忍不住往下阅读，想知道到底是怎么回事。

再来看一篇故事《我，三十岁已婚猛男，砸在这个小妞手里了》，开头是这么写的：

这个冬天，所有中国家长都在后悔自己拥有一个女儿。

罪魁祸首，就是最近上映的《冰雪奇缘2》这部电影。

或者更准确一点，是主角艾莎的魔爪，又一次伸向了女儿和你。

开头并没有急于交代故事发生的背景，因为平铺直叙的方式很容易让读者觉得太平淡，一眼看到后面的情节，失去阅读的兴趣。

这篇故事开篇第一句就把问题亮出来，带有冲突性的表述能引发读者的兴趣，让人迫不及待想知道，这个冬天为什么所有中国家长都在后悔自己拥有一个女儿？

第二步，故事发展脉络要清晰，不拖沓。

开篇后，要交代故事的背景以及发展脉络，为故事的主要冲突埋下伏笔。

| Tips |

需要注意的是，故事的背景一定不能太烦琐和拖沓，如果只是介绍男女主人公的相识就洋洋洒洒几千字，读者可能就没兴趣读下去了。背景只是个铺垫，读者知道怎么回事就可以，重要的是故事的发展和结局。

还是以上面那篇故事《妈妈再婚了，嫁了个傻子，爸爸一辈子都在替别人养孩子》为例，开篇后作者简单交代了一下爸爸和姑姑之间的关系，爸爸是姑姑一手带大的，所以他只听姑姑的话。简单交代一下，读者就清楚来龙去脉了。

第三步，高潮要有转折和冲突。

故事的高潮部分势必是由转折引起的，也是冲突加剧的部分，能够让读者一下子感受到冲击，消除平淡的无趣感，有继续阅读下去的欲望。

文章的高潮部分要有反转，要有让读者想不到的地方。反转可以是人物形象的反转，也可以是情节的反转。

第六章　坚持内容为王：持续创作对读者有价值的内容

> **Tips**
>
> 人物形象反转的窍门是，将你想要塑造的人物形象设定为对立面，或者隐瞒他的真正意图及身份，留到最后揭开谜底；情节反转的窍门是，努力用情节误导读者，当读者以为事实是A的时候，揭开谜底却是B。

不管是人物反转还是情节反转，都要注意，转折最好在前文埋下伏笔，不然会显得太突兀。

我们举个例子来说明。有一个邻居沉默寡言，脸上有疤，看起来凶巴巴的，很不好相处。有一天邻居被警察带走了。有人说看到他参与了一场打架斗殴，街坊邻居们都觉得他一定不是个好东西，犯事儿被抓了。结果第二天在电视上看到他被授予荣誉勋章。原来他是一名退伍军人，战争时期为了救战友，被弹片划伤，留下伤疤。沉默寡言是因为炮弹炸在耳边，使他失去了听力。被警察带走是因为他见义勇为。

读者看到最后恍然大悟，人物形象的反转和情节的反转就体现出来了。反转其实并不难，我们在讲述故事的时候更换一下描述方式，或者将描述的先后顺序调动一下，故意引起读者的一些误解，就能形成反转。

比如，故事《老公说，你都两个孩子的妈了，还不肯放过她》既包含了人物反转，也包含了情节反转。

姐姐这个人物，一开始的人设是从小惹爸妈生气，长大不孝顺父母，跟家里人几乎没有往来。即使妈妈得了癌症，姐姐也没有露面，只是转了10万块钱。直到妈妈去世，姐姐也没来看一眼。在爸爸的葬礼上，姐姐还是没有出现。

到故事的结尾，作者才交代，原来姐姐得了严重的抑郁症，生活已经不能自理。而姐姐得抑郁症的源头，就是从小极度渴望父母的爱，却一直没有得到。小时候，妹妹更讨父母的欢心，父母有了妹妹之后，忽视了姐姐的感受。

读者原本以为姐姐是一个不孝顺的女儿，读到最后，看到了一个渴望得到爱的姐姐，这是人物的反转。在人物反转的过程，其实也包含了情节的反转。

第四步，结尾要出人意料，升华点题。
一个好的结尾要首尾呼应，起到升华点题的作用，让故事更具完整性，并且能引起读者的思考。

故事的结尾也要揭示故事的结局，公布故事中人物之间的关系，以及他们有什么样的成长和改变。

莫泊桑的《项链》结尾是这样写的：

福雷斯捷太太顿了一下。
"你是说你买了一条钻石项链来赔我那一条？"
"是的。你都没发现，是吗？那两条太相似了。"
她露出了快乐的笑容，那是一种既自豪又天真的快乐。
福雷斯捷太太非常激动，抓住了她的双手。
"哎哟，我可怜的玛蒂尔德！可是我那条项链是人造宝石的呀！顶多就值五百法郎！"

结尾揭示了故事的结局，丢失钻石项链的十年后，玛蒂尔德与福雷斯捷太太重逢，原来那条项链是人造宝石而不是钻石的，而玛蒂尔德夫妇白白辛苦了十年。结局出乎意料，又在情理之中，同时又意犹未尽。玛蒂尔德听到这个消息，会是什么反应，就留给读者自己去想象了。

第六章 坚持内容为王：持续创作对读者有价值的内容

如何写出一个有吸引力的故事

写故事的通用框架

目标、阻碍、行动、结果、意外、转折、结局

写出精彩故事的四个步骤

1. 开头设置冲突和悬念
2. 故事发展脉络要清晰，不拖沓
3. 高潮要有转折和冲突
4. 结尾要出人意料，升华点题

写故事的三点注意事项

1. 故事文的创作不能太平淡
2. 不仅仅是讲故事，要升华点题，给读者启发
3. 故事人设要接地气，不能太虚假

> Tips

除了揭示故事的结局，结尾更要对主题进行升华和拔高。我们讲故事是为了说明一个道理，在故事的结尾要启发读者思考，这个故事带给他们什么收获。读者看的是一个故事，收获的是人生的哲理或生活的道理。

《老公说，你都两个孩子的妈了，还不肯放过她》这篇故事，最后姐妹实现了和解，姐姐的状态也越来越好。

在文章的结尾，作者总结了这篇文章想要告诉读者的道理，"那一刻，我终于明白，人们都说血浓于水，但比血更浓的，是无条件的爱，是持之以恒的爱。"

这句话就是对主题的升华，只有血缘关系还不够，很多有血缘关系的人彼此之间充满了冷漠和疏离，只有无条件的爱，才可以化解彼此之间的冷漠，温暖每个人的内心。

注意事项：写故事的三点注意事项

刚才我们讲了怎样写好一个故事，现在再简单说一下写故事的三点注意事项。

第一点，故事的创作不能太平淡。

如果像一篇记叙文那样从头写到尾，按部就班地交代时间、地点、人物，及事件的起因、经过、结果，平淡得像白开水一样，是很难引起读者的兴趣的。可以适当运用倒叙、插叙这样的方式来制造悬念和冲突，吸引读者的注意力。故事一定要有几个主要人物，一定要有冲突，这样才好看。

除了故事情节不能太平淡，语言也不能太平淡，可以适当运用比喻、排比等修辞手法。

比如说到婆媳关系，"这老婆子恨不得不买菜，在路边拔几根草给媳妇充饥呢！"这样的描述能带给读者画面感，使人印象深刻，同时也增加了语言的趣味性。

第二点，不仅仅是讲故事，要升华点题，给读者启发。

我们写故事，不仅仅是讲述一个故事，更重要的是通过故事传递价值观，通过故事讲述一个道理，给读者带去思考和启发。

写故事的时候，不要只写一些鸡毛蒜皮的婆媳或两性情感故事，要注意拔高主题，跟主流的价值观相吻合。这就要求写作者多思考、多输入，才能写出让读者喜欢的故事。

第三，故事人设要接地气，不能太虚假。

有的人写故事就只会想到霸道总裁爱上灰姑娘，可现实中大部分人都是普通人，过着普通的生活，读者更喜欢看真实的、接地气的故事。

故事中的主人公会有各种各样的烦恼，也会有这样那样的缺点。真实的故事中有成长，有改变，有反思，整个故事能引起读者的情绪波动，让读者哭或者笑。读者在阅读这些故事时对自己的人生也能有一些启发和思考。

6.2
金句创作：如何创作出让人产生共鸣的金句

我们在阅读文章的时候，总会被文章里的一些句子打动。比如，张爱玲的"因为爱过，所以慈悲；因为懂得，所以宽容。"鲁迅的"世上本没有路，走的人多了，也便成了路。"村上春树的"哪里会有人喜欢孤独，不过是不喜欢失望罢了。"

我在《时间的格局》里写的："唯有梦想值得让你焦虑，唯有行动能解除你的焦虑。"我在《从零开始学写作》里写的："生命终有尽头，而文字却可以穿越时空。"

这些句子读起来朗朗上口，很容易被读者记住。很多时候，我们看完一本书，随着时间的流逝，可能会忘记这本书的内容，但书里的一些句子，尤其是那些深深打动我们、给我们力量的句子，让人记忆深刻。这样的句子，就是所谓的金句。

> **Tips**
>
> 优秀的文章中，总会有几个打动人心的金句，让读者印象深刻。在文章的排版上，金句通常会加粗或者用另一种颜色标注，让读者一眼就可以看到这些金句，引起读者的共鸣。

金句作用：金句的三大作用

作用一，通过金句给读者留下深刻印象。

一篇优秀的文章，除了优质的内容，还要加几个金句。金句就像是璀璨的珍珠，会让你的文章光彩夺目，令读者印象深刻。即使读者会忘记你文章的内容，也会记住你文章里的金句。

作用二，通过金句传播你的思想。

金句是属于我们自己的"名人名言"。我们通过金句可以更好地传播思想。关于写作，我就创作过一些金句，参加过我的写作训练营的学员都能脱口而出。比如："爱上写作，一生笔耕不辍。""写我所做，做我所写，终身写作，终身成长。""不是厉害了才做，是做了才厉害。"

> **Tips**
>
> 金句表达了我们的思想，这些金句的传播度越广，我们的思想也能被传播得越广。就像我们经常引用的名人名言，就是名人思想的表达，我们在引用他们的句子时，也是在传播他们的思想。说不定等你成为名人，你创作过的金句也会成为"名人名言"。

作用三，通过金句引起读者的共鸣，吸引同频的人。

金句传达了我们的思想，我们去传播一些金句，主要原因是我们认同金句所表达的思想。

作为写作者，我们可以通过创作金句，引起读者的共鸣，吸引同频的人。一般在文章的结尾总是会有几句金句，一方面升华文章的主题，另一方面，引发读者的共鸣，打动读者，让更多的读者转发文章。

所以，你在写作或者修改文章的时候，都要去想一下，这篇文章是否有朗朗上口、打动读者的金句。如果还没有，一定要加上。

创作方法：创作金句的十种方法

创作金句也是有方法可循的，掌握了这些方法，你就能源源不断地创作出金句。

方法一，重复法创作金句。

用重复法创作的金句，更容易被读者记住，重复出现的词语也可以突出作者想要表达的思想或者情感。

用重复法创作金句，有以下几种方式。

1）使用相同的名词、动词，或形容词。

使用相同的名词，比如张爱玲的"女人一辈子讲的是男人，念的是男人，怨的是男人，永远永远。"

前后两个句子使用相同的动词，比如"你可以嘲笑我，但你不能嘲笑我喜欢的东西。"王小波的"你要是愿意，我就永远爱你；你要是不愿意，我就永远相思。"

使用相同的形容词形容不同的事物，使句子前后关系更紧密。比如方太蒸箱的广告语："改不了加班的命，就善待加班的胃。"

2）使用带相同字的词语。

比如，下面这两个句子前后都使用了带相同字的词。

自律给我自由。
让欲望不再失望。

3）使用相同的句式。

比如，下面这几个句子使用了相同的句式。

哪儿有生活，哪儿就有希望。
你把时间花在哪里，最后的收获就在哪里。
生命的意义在于付出，在于给予，而不是在于接受，也不是在于索取。（巴金）

方法二，回环法创作金句。

回环法是指前后两句话使用相同的词语，只是顺序不一样，类似于"AB/BA"的句式，句子中有两个名词反复出现，位置互换，句子结构类似。以下几个金句就采用了回环法。

阿里从来不只属于马云，但马云会永远属于阿里。(马云)

金银天然不是货币，但货币天然是金银。(马克思)

给岁月以文明，而不是给文明以岁月。(刘慈欣)

当你凝视深渊时，深渊也在凝视你。(尼采)

美的东西不一定伟大，伟大的东西总是美的。(张爱玲)

方法三，押韵法创作金句。

押韵是诗文创作的常用技巧，我们在学生时代背诵过的很多古诗词都使用了押韵的方式。押韵是将韵母互相谐音的文字放在句子固定的地方，一般是句尾，使句子读起来非常顺口。

比如，以下这些金句都使用了押韵的方法。

人的一切痛苦，本质上都是对自己的无能的愤怒。(王小波)

走过一些弯路，也好过原地踏步。

只有沉得住气，才能发得了力。

人生难熬的苦，都是向上走的路。

方法四，对比法创作金句。

这种方法通过对比的方式来突出金句的中心思想，给读者一种落差感。

比如电影《后会无期》里的一句台词"小孩才分对错，大人只看利弊"，将小孩与大人做对比，给人们强烈的冲击。

比如电视剧《我们与恶的距离》里的一句台词"人生近看是悲剧，远看是喜剧"，将悲剧与喜剧做对比。

比如鲁迅说："悲剧将人生的有价值的东西毁灭给人看，喜剧将那无价值的撕破给人看"，也是将悲剧与喜剧做了对比。

比如张爱玲说："笑，全世界便与你同声笑，哭，你便独自哭。"将笑和哭的场景进行了对比。

比如"理想很丰满，现实很骨感""时间令人苍老，欲望使人年轻"等金句，都使用了对比法。

方法五，改写名言警句法。

名言警句本身就已经被大家熟知，只要改编得当，每一句都可以被奉为金句。比如"为什么我的眼里饱含泪水，因为我对××爱得深沉。"

尼采说："每一个不曾起舞的日子，都是对生命的辜负。"我把这句话改编成一个与写作相关的金句："每一个不曾写作的日子，都是对生命的辜负。"

方法六，套用一些固定句式。

我们可以总结一些金句的独特句式，在创作金句时，直接套用句式进行仿写。

比如金句"如果失去了方向，那么所有方向吹过来的风都是逆风"，用的是"如果……那么……"句式。我们可以根据这个句式仿写一个金句："如果失去了热情，那么所有的路都将寸步难行。"

又比如金句"最怕你不甘平庸，却又不去行动"，根据"最怕……却又……"的句式，我们可以仿写一个金句："最怕你什么都没做，却又什么都想要。"

这样的句式有很多，我们来举几个例子。

1）越……越……

眼睛越朦胧，心里越清晰。

越是有野心的人，越要有耐心。

越是没有人爱，越要爱自己。（亦舒）

2）最……；最……是……

惟沉默是最高的轻蔑。（鲁迅）

弱者无选择，这是人生最残酷的事。

最坏的生活，是没有选择权的生活。

人与人之间最好的关系，是熟不逾矩。

3）要么……要么……

要么出众，要么出局。

要么庸俗，要么孤独。

爱情多半是不成的，要么苦于终成眷属的厌倦，要么苦于未能终成眷属的悲哀。（钱锺书）

4）……藏着……

一个家庭的气质里，藏着孩子的未来。

你的善良里，藏着你的福气。

你的脾气里，藏着你的修养。

母亲的嘴，藏着孩子的风水。

5）唯有（只有）……才能……

唯有梦想，才配得上你的焦虑；唯有行动，才能解除你的焦虑。

只有改变自己，才能改变别人看你的眼光。

6）不是……而是……

世上最遥远的距离，不是生与死的距离，不是天各一方，而是我就站在你面前，你却不知道我爱你。（张爱玲）

我之所以写作，不是我有才华，而是我有感情。(巴金)

很多人不是在追求幸福，而是在拼命追求比别人幸福。

不是因为看到了希望才去坚持，而是因为坚持了才能看到希望。

7）……就是……

过度的期待，就是对自己的虐待。

一个人这辈子最重要的事，就是认识到自己是个普通人。

没有退路，就是最好的出路。

8）……正在……

你省下的时间，正在杀死你的生活。

你的冷漠，正在杀死你的下一代。

你曾经贪图的舒适区，正在慢慢杀死你。

9）……决定……；决定……的，不是……

母亲的话语，决定孩子人生的温度。

你的格局，决定了你的人生。

决定你人生的，不是人生观，而是时间观。

决定你人生前途的，不是起点，而是上限。

决定孩子一生的不是智商，不是分数，而是专注。

10）……比……

接受平凡，比超越平凡更重要。

及时止损，比闷声坚持更重要。

有一个爱好，比有一个爱人更重要。

今天比昨天慈悲，今天比昨天智慧，今天比昨天快乐。这就是成功。（林清玄）

方法七，类比法创作金句。

创作金句时，通过类比的方式，可以把两个不同的事物联系在一起。比如：

张文宏，简直就是医学界的李佳琦。

人生如粥，越熬越有味。

婚姻是一座围城，城外的人想进去，城里的人想出来。（钱锺书）

才华是刀刃，辛苦是磨刀石，再锋利的刀刃，若日久不磨，也会生锈。（老舍）

方法八，排比法创作金句。

采用排比的方式来创作金句。比如下面几个例子。

生活所需的一切不贵豪华，贵简洁；不贵富丽，贵高雅；不贵昂贵，贵合适。（林语堂）

梅，剪雪裁冰，一身傲骨；兰，空谷幽香，孤芳自赏；竹，筛风弄月，潇洒一生；菊，凌霜自得，不趋炎热。和而观之，有一共同点，都是清华其外，淡泊其中，不做媚世之态。（梁实秋）

我不是贫穷的代名词，不是暴力的受害者，不是原生家庭的牺牲品，不是任人踩踏的丑小鸭，不是别人嫌弃就放弃学习的坏学生，不是结了婚就离不开男人的傻女人，不是生了孩子就合上书本的妈妈，更不是遭到背叛就哭哭啼啼的中年妇女。

方法九，巧用提问的方式创作金句。

设问句式、反问句式等都可以用来创作金句。

比如设问句式的金句："哪里有什么英雄？都是挺身而出的普通人。"

再比如反问句式的金句："为什么你宁愿吃生活的苦，也不愿吃学习的苦？"

方法十，数字法创作金句。

用数字法创作金句，通过数字的对比，突出重要性。比如下面几个例子。

天才是百分之一的灵感，加百分之九十九的汗水，但那百分之一的灵感往往比百分之九十九的汗水来得重要。（爱迪生）

对于三十岁以后的人来说，十年八年不过是指缝间的事，而对于年轻人而言，三年五年就可以是一生一世。（张爱玲）

世界上90%的人都是普通人，9%的人有小成，1%的人能大成。

创作步骤：金句创作的四个步骤

第一步，收集金句。

我们平时在阅读文章、看电影、看书时，遇到好的句子，可以收集起来，一方面便于在你写文章的时候引用，另一方面，你可以根据这些金句，模仿创作属于自己的金句。

比如，我在阅读一篇文章的时候，看到尼采的一个金句："每一个不曾起舞的日子，都是对生命的辜负。"我把这个金句放到了自己的素材库里，并且仿写了一句自己的金句："每一个不曾写作的日子，都是对生命的辜负。"

第六章 坚持内容为王：持续创作对读者有价值的内容

金句创作：如何创作出让人产生共鸣的金句

金句的三大作用
1. 通过金句给读者留下深刻印象
2. 通过金句传播你的思想
3. 通过金句引起读者的共鸣，吸引同频的人

创作金句的10种方法
1. 重复法
2. 回环法
3. 押韵法
4. 对比法
5. 改写名言警句法
6. 套用一些固定句式
7. 类比法
8. 排比法
9. 巧用提问的方式
10. 数字法

金句创作的四步骤
1. 收集金句
2. 拆解金句
3. 仿写金句
4. 原创金句

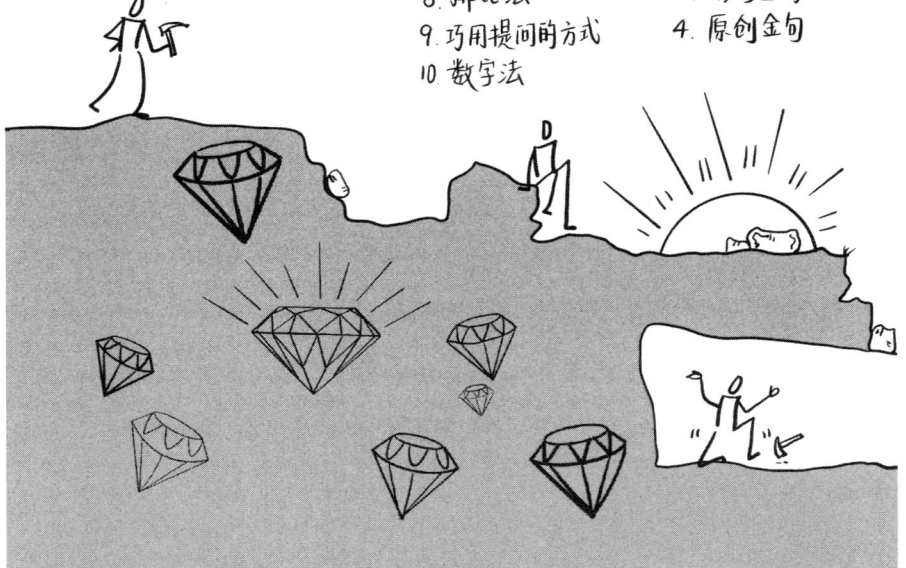

当你在阅读文章时，看到打动你的金句就收藏起来，经常去分析和拆解这些金句，你也能创作出金句。

收集金句可以批量收集，比如，你在网络上搜索"名人名言""电影经典台词"等关键词，就可以找到很多金句。

第二步，拆解金句。

当我们的素材库里收集了不少金句时，可以研究和拆解这些金句，总结出一些创作金句的方法。

比如，金句"唯有梦想值得让你焦虑，唯有行动能解除你的焦虑"采用的是重复的创作方法；金句"不是厉害了才做，是做了才厉害"采用的是回环的创作方法。

当你能拆解和总结金句的创作方法时，你就能根据这些方法创作出属于自己的金句了。

第三步，仿写金句。

一开始，如果我们不知道如何创作金句，可以先仿写金句。仿写金句的难度不大。

比如，你收集了这样一个金句"如果失去了方向，那么所有方向吹过来的风都是逆风。"根据"如果……那么……"句式，你可以创作出属于你自己的金句："如果失去了热情，那么所有的路都将寸步难行。"

第四步，原创金句。

在掌握了金句的创作方法后，我们可以自己原创金句了。比如，我自己原创的一些金句：

激情只能点燃梦想，习惯才能成就理想。

爱上写作，一生笔耕不辍。

你拥有什么样的时间格局，就拥有什么样的人生。

> **Tips**
>
> 你掌握了金句的创作方法后,原创属于自己的金句就不难了。你可以每天创作一个金句,甚至把你的金句制作成海报,分享到朋友圈。一方面传递正能量,另一方面传播自己的思想,打造个人品牌。

6.3 干货文写作:五个步骤创作有价值的内容

现在是内容为王的时代,内容比文笔更重要。我们在写作的时候,更应该关注文章的内容,要思考如何写出给读者带去价值的内容。

同时,读者学习新知识、新技能的需求也很大。因此,能够给读者带去价值的干货文很受欢迎。干货文,一般是结合写作者自己的经验,介绍一些实用的方法或技能,或者提供一些解决方案的文章。

文章类型:四种干货文类型,结合专业输出价值

第一类,经验分享类文章。

在生活中,如果你经历了一些事情,获得了一些经验,就可以把这些经验分享出来。读者可以从你的经验中学习,下次遇到类似的事情,就知道如何来处理。

比如,现实生活中你是一位面试官,你发现应届生面试时,总是犯一些常见的错误。那么,你就可以总结面试经验,写一篇干货文《面试过程中,

你一定要注意这7件事》等。

秋叶大叔经常在自己的公众号上与读者分享他的实战经验，如干货文《为什么我不能坚持》《为什么我不选择做自由职业者》《如何快速切入培训师这个行业》等。

如果你有丰富的职场经验或者实战经验，你就可以采用秋叶大叔的写作手法，通过分享自己的经验来给读者提供解决方案或者解答读者的疑惑。用这样的写作方式，可以保证写作选题源源不断。

我给"弘丹写作成长学院"创作的口号就是："写我所做，做我所写，终身写作，终身成长。"

我们的人生经历，我们做过的事情，都是写作最好的素材，只要我们持续学习新东西，就能总结出经验，写成文章分享出来。

Tips

终身写作不是一句口号，是真的可以这么做。写作是一件终身的事业，把你做过的事情用文字分享出来，既能获得稿费，还能打造个人品牌，是一件一举多得的事情。

第二类，结合自己的专业技能输出系列文章，打造个人品牌。

我常常鼓励写作训练营的小伙伴们从专业出发，用文字分享自己的专业所长。

我的朋友雨滴医生，就擅长用通俗易懂的文字讲述跟儿科相关的专业知识，经常写科学育儿类的文章，比如《宝宝一长牙就会发烧？儿科医生来辟谣：二者没有直接关系》《宝宝第一口辅食何时吃？关键要看这些身体信号，可别犯错》。

我经常看刘润老师的公众号，他的公众号文章很多是结合他在领域内的实战经验以及他对商业现象的独特洞察创作的，比如《人生商业模式：有的人换回了全世界，有的人却一无所获》《半秒洞察本质的人，注定拥有开挂的人生》《企业在不同时期，要紧紧牢记的3句话》。

刘润老师将读者关心的话题结合自己在商业领域的专业知识和案例来写专业类的文章，把复杂的商业问题用通俗易懂的语言表达出来。

Tips

写专业类的文章，是打造个人品牌非常好的方式，因为你的每一篇文章都是在呈现你的专业能力，为你寻找精准的读者。如果你有某方面的专业积累，强烈推荐你写专业相关的系列文章。

第三类，解答读者问题类文章。

给读者提供价值的文章，也可以采用问答的方式来写，这种类型在知乎上很常见。

想持续创作十几年，就需要有源源不断的写作选题和写作素材，这是一个很大的挑战。我们可以向连岳大叔学习。连岳大叔从1998年开始在《南方周末》上发表文章，2002年辞去公职成为专栏作家，写了近20年。

他的文章有一个很大的特点，就是回答读者的提问，既节省了找选题的时间，又可以跟读者互动，增加读者的黏性。更重要的是，他通过自己的专业技能，解答读者的疑惑，提供一些参考建议，对读者的帮助很大。

他的公众号文章很多都是回答读者的来信，文章的结构分为两部分，第一部分是读者来信内容，第二部分是他的回答。比如，文章《不要高估人性，也不要低估人性》解答了读者关于请阿姨的问题。

回答读者的提问，还可以锻炼自己的思考能力和洞察能力。通过一段时间的积累，你能够非常清楚地了解自己的受众群体，了解他们的痛点以及他

干货文写作：五个步骤创作有价值的内容

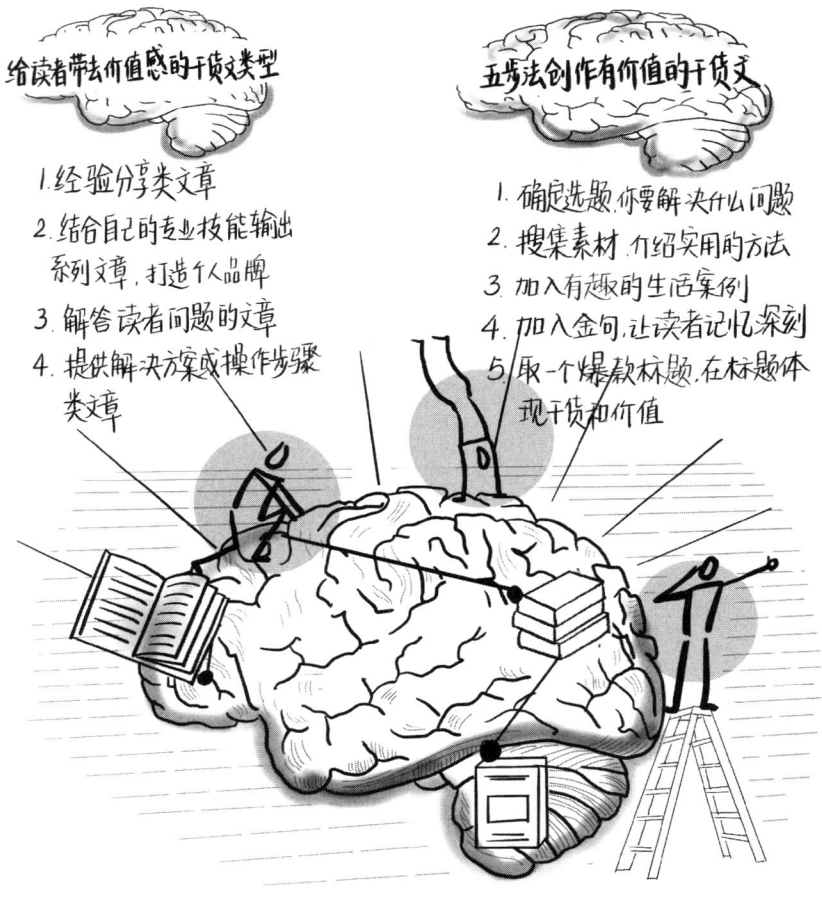

给读者带去价值感的干货文类型

1. 经验分享类文章
2. 结合自己的专业技能输出系列文章，打造个人品牌
3. 解答读者问题的文章
4. 提供解决方案或操作步骤类文章

五步法创作有价值的干货文

1. 确定选题，你要解决什么问题
2. 搜集素材，介绍实用的方法
3. 加入有趣的生活案例
4. 加入金句，让读者记忆深刻
5. 取一个爆款标题，在标题体现干货和价值

们的需求，这样写出的文章也更有针对性。

如果你不知道该回答什么问题，可以去逛逛知乎、悟空问答等问答类平台，网友的提问会给你源源不断的写作素材。你不仅可以根据网友的问题写成一篇文章，还可以将自己的回答发布到问题下面，在不同的问答类平台上积累粉丝。

第四类，提供解决方案或者操作步骤类文章。

你也可以通过提供解决方案来输出高价值的文章，即针对某个场景，或者读者的某个问题，提供自己的解决方案。

比如采用SCQA结构来写文章，在开头用场景法引出读者的痛点，然后提出问题，最后针对问题提供解决方案。

用这种方式来创作干货文，是比较受读者欢迎的。一方面，用场景法开头，能够快速吸引读者的注意力，另一方面，提供针对性的解决方案，帮助读者解决问题。

| 创作方法：五个步骤，创作带给读者价值的干货文

我写过很多干货文，比如《如何有效阅读一本书，写出精彩的书评》《3个方法让你的学习效率提升3倍》，等等。

给读者带去价值的文章的重点是方法，你要提供解决问题的实用方法或者针对性的解决方案。

以下是我总结的创作有价值的干货文的五步法。

第一步，确定选题，你要解决什么问题。

确定文章的选题很重要，你要明确这篇文章是解决一个什么问题，比如，如何提升学习效率，那么整篇文章将围绕提升学习效率这个问题展开。

第二步，搜集素材，介绍实用的方法。

干货文是为了给读者提供方法，你提供的方法要对读者有帮助，而且最好是读者不知道的方法，这样对读者才有意义。在写作的过程中，要用简洁、清晰的语言把方法的步骤讲清楚。

第三步，加入有趣的生活案例。

如果只是写方法，文章就太枯燥了，很容易变成干巴巴的说明文。在写干货文时，也要加入一些生活的故事和案例，一来佐证方法，二来让你的文章更有趣，毕竟有故事，读起来才轻松有趣。

第四步，加入金句，让读者记忆深刻。

即使是干货文，也要提炼出几个金句，既可以升华文章的内容，又可以让读者印象深刻。

第五步，取一个爆款标题，在标题体现干货和价值。

干货文的标题要体现出满满的价值感，让读者看到标题，就能预测这篇文章会带给他什么收获。干货文的标题可以带有数字，比如《如果你想提高写作能力，我推荐这7本书》等。

6.4

写作瓶颈：终身学习，突破写作瓶颈，持续创作优质文章

在我们的写作生涯中，会多次遇到写作瓶颈期，即使是一流的作家也是如此。很多人放弃写作，都是在遭遇瓶颈期的时候。

他们觉得写作把自己掏空了，什么都写不出来了，也有很多人会在遇到

写作瓶颈期的时候，怀疑自己的写作天赋，甚至放弃写作。

从零开始写作不难，但持续创作很难。我们也经常看到一些写作者，写出了爆款文章，短时间内迅速成名，但很快销声匿迹，很难再看到有新的爆款作品。

我一直强调，写我所做，做我所写，终身写作，终身成长。那么如果要终身写作，在一生中必然会多次遇到写作瓶颈期。

相信我，你并不孤独。在写作过程中，你遇到的问题，别的人也会遇到。

如何突破写作瓶颈期，持续创作优秀的文章，是每一位写作者都需要学习的。下面给大家介绍顺利度过写作瓶颈期的六个方法。

▍突破瓶颈：掌握六种方法，助你顺利度过写作瓶颈期

在写作过程中，我也多次遇到过瓶颈期。有时候，我也会沮丧地发现，自己好像写不出文章来了。如何顺利度过写作瓶颈期呢？

第一，在困境中善待自己，呵护写作初心。

在写作瓶颈期，一定不要怀疑自己的创作能力。

有一段时间写不出来，是很正常的事。每个写作者都会遇到瓶颈期，甚至暂时什么都写不出来，村上春树也曾经历过低潮，"心中僵硬得写不出东西"。但如果因为遇到瓶颈期就放弃创作，是非常可惜的。

在这个阶段，最重要的是要善待自己，对自己更有耐心，呵护自己的写作热情与写作初心，不断激励自己持续创作。我的写作初心是"写下自己的所想所思"。

当我遇到写作瓶颈期时，我会问自己，即使没有读者，我还愿意写吗？即使写作无法给我带来收入，我还愿意写吗？

答案是肯定的，我愿意持续创作，因为我的写作目的是"写下自己的所想所思"，那么即使没有读者和收入，我依然可以写。

即使一段时间写不出来也没有关系，因为写作是一生的事情，不用急于一时。同时，在写作瓶颈期，要远离或者忽视批评的声音。因为这个时期你很脆弱，别人的批评对你可能会是致命一击，导致你真的放弃写作。

第二，把写作当成肌肉训练，不要停笔。

即使是在瓶颈期，也要保持写作习惯，把它当成肌肉训练，和跑步一样，练习越多，表现越好。

《成为作家》的作者写道："在你的整个写作生涯中，不论何时，只要你面临才思枯竭的危险，记住把铅笔和纸张放在你床边的桌子上，早上醒来就开始写作。"

我发现这个方法真的很有效，是我所看过的写作类书籍中，提供的最有效的一个方法。如果一直实践这个方法，我相信自己可以一直写下去，即使遭遇瓶颈期。

像《肖申克的救赎》的作者斯蒂芬·金每天都会要求自己写2000字，不写完决不从书房出来。

Tips

你可以要求自己每天必须写完固定的字数，比如200字左右，哪怕只是简单地记录今天做了什么也可以，即使写得再糟糕也没有关系。等练习一段时间，就会慢慢度过瓶颈期，重新进入创作高潮期。

第三，降低写作的期待。

在创作瓶颈期，要降低对写作的期待。给自己一个时间段，为自己而写，想写什么就写什么。你随便写点心情日记，或记录生活点滴都可以。当你心中对写作没有过高的期望时，就可以彻底享受写作带来的乐趣了。

或许在写心情日记的时候，就会有灵感迸发出来。很多时候，灵感是在写的过程中产生的。写着写着，你就度过瓶颈期了。

第四，多阅读多输入，给大脑充电。

写作是一种输出，要不断地输出，必须持续地输入。当你创作思路枯竭时，也说明你的输入无法再满足输出了。所以在你觉得自己写不出文章来时，你应该大量输入，给大脑充电。输入的方式有很多，比如阅读、看电影、旅行、参加活动、采访别人等。

第五，寻找写作榜样，从榜样中汲取力量。

你可以列出你喜欢的作家，用榜样的力量激励自己。我自己非常敬佩的作家是：彼得·德鲁克、杨绛、季羡林和村上春树。

杨绛先生在96岁的高龄出版了《走到人生边上》，给了我非常大的感动。96岁高龄的人还在写作，我有什么理由懈怠呢？

而我自己对写作的期望也是：爱上写作，一生笔耕不辍。我喜欢村上春树是因为他的耐心和韧性。除了写作，他还是马拉松跑者。他用独特的方式保持着几十年笔耕不辍，作品不断。

你也可以去寻找自己的写作榜样，当你遇到写作瓶颈期时，榜样是最好的鼓励。

第六，寻找志同道合的人一起写作。

一个人写作，很孤独，往往无法坚持。加入社群，与志同道合的人一起写作，当看到别人在持续写作，自己的积极性也会被带动起来。

我之所以能够持续写作，主要因为两点：一，我早起写作，在固定的时间、固定的地点，每天做同一件事，养成了习惯；二，我持续举办各种写作训练营、年度写作社群，与同样热爱写作的小伙伴们一起写作，我是发起人，榜样的力量让我更有动力来创作。

> **Tips**
>
> 一个人可以走得更快，一群人可以走得更远。与社群里的小伙伴们一起写作，他们的写作热情也会感染我。虽然我已经持续写作很久，但每一次组织新一期写作训练营时，都像重新开始写作一样，又被打满了鸡血。

与你分享一句话：100%的坚持比98%的坚持更容易实现。当你不再找借口时，你更容易坚持下去。

创作潜力：放下失败的恐惧，相信自己的创作潜能

写作，需要不断跟自己的内心博弈。写作的过程是与潜意识协作的过程。在我们的写作生涯中，心理建设是非常重要的，会不断影响我们的创作。

以我写这本书为例，我创作这本书经历了好几个阶段的心理起伏。

第一个阶段，踌躇满志。

当我的大纲和选题通过之后，我迫不及待地开始写作。一开始，我以每天6000字的速度创作，除了吃饭睡觉，大部分时间都用来写这本书。这样的创作状态持续了5天，大概完成了3万字的初稿。

第二个阶段，自我否定。

连续创作了5天之后，我陷入写作瓶颈期。在一些章节，我遇到了卡点，不知道怎么写。我对自己说，要么先放一放，过段时间再写。这一放就是一个月。这一个月，我做了很多事情，唯独没有写这本书。内心深处总怕自己写不好，导致书稿搁浅了一个月。

第三个阶段，再次起航，重新开始写作。

暂停一个月后，我又开始创作。重读了之前写下的文字，发现写得并不差，是自己内心觉得不够好。

我在前面有重点讲过，写完文章可以放一段时间后再来修改，这样能更加客观地评价自己的文字。

从事写作教学多年，我发现大部分写作者对自己的文字评价较低。很多人觉得自己写得不好，其实在别人看来还是写得挺不错的。

我们对自己太苛刻了，很多时候，不是别人的批评，而是我们内心的自我攻击让我们放弃了。

写作的自信心问题，并不是在写作之初解决了，就一劳永逸的，它会一直伴随你的写作。

即使是著名的作家，也会在某些时候怀疑自己的创作能力。严歌苓在创作《陆犯焉识》时，就怀疑自己江郎才尽。她说，创作每一部作品都会有黑暗时刻。

在写作的旅途中，我们会不断遇到写作自信心不足的问题，这时可以多去看看一些作家的传记或名人传记，就会发现，自己并不孤独。

当你没有写作自信心时，即使机会放在你面前，你也不敢去尝试。2019年9月，我在"弘丹写作成长学院"的年度会员群中发布散文的征稿函，邀请大家投稿，如果投稿通过，会收录到合集出版。

一开始投稿的人并不多，我认为写作水平挺不错的学员也没有投稿。我给几位学员发了私信，沟通后发现他们普遍不自信，觉得自己的写作水平远达不到出版合集的要求。

我说："不管最后是否被收录，都可以尝试一下，尝试的过程就能收获很多。"在我的鼓励下，他们才敢动笔去写作。

最后有二十多位学员的文章被收录到散文合集中出版，有一些学员投稿了两三篇文章，都被收录了。

如果我不私信鼓励他们尝试，就算他们看到了机会，就算他们内心很渴望自己的作品被收录出版，也不敢去尝试。而尝试之后才发现，其实并没有那么难，认真去写也能过稿。

这次尝试对他们来说意义重大。一方面是对自己写作水平的认可，有纸质的作品了；另一方面，以后再有这样的机会，他们也有信心和勇气去抓住。

最让我们难过的不是我们不行，而是我们本来可以。

所以，我经常鼓励学员写完文章主动去投稿，投稿不仅是为了赚取稿费，更是为了检验自己的写作水平，增加写作自信心。

当然，如果一篇文章没投中，也不要受不了"打击"而放弃写作。要知道，即使是著名的作家，也被多次拒稿过。麦家的《解密》写了11年，被退稿17次。《肖申克的救赎》作者斯蒂芬·金，被拒稿的回信堆起来像小山一样高。

Tips

我曾经在一次线下演讲时跟大家分享"人生只有经历，没有失败"。我们不敢去尝试，是因为我们害怕失败。如果没有失败，只有经历，我们对失败就没有那么恐惧。每一次尝试，都可以为以后积累经验。

"人生只有经历，没有失败"这句话是我发自肺腑的感悟，以前我也特别害怕失败，总怕自己做得不够好。面对很多机会，我主动选择放弃，还找借口"我并不想要""我没有时间"等。实际上，我内心很渴望，很想要，但因为害怕失败，宁愿找借口，也不愿去尝试。

每一次坐在书桌前写作，都是一次全新的尝试。你要克服内心的自我怀疑和面对可能会失败的恐惧，因为你无法确保每次都能写出一篇优秀的文章。如果你每次写文章都有强烈的期待，写作对你而言，会是一件很痛苦的事情。

> **Tips**
>
> 放下对写作的期待，相信你的潜意识，内心的声音才会自然地流淌出来。有时候，你写出来的文字并不是你预想的，它可能带给你很多惊喜。

很多灵感是在写作的过程中产生的，并不是提前能预想好的，所以放下你的期待，享受每一次内心探索之旅。

跨界思维：终身学习，进入新领域，持续学习新知识

从零开始写作很容易，持续写作很难。从零开始写作，你只要有写作的热情，学习一些写作的技巧，就能够开始。但很多人，写了一段时间就放弃了，很难持续写下去，更别说终身写作。

如何才能终身写作呢？答案是，不断跨界，不断学习新东西，进入新的领域。

> **Tips**
>
> 就像陆游诗云"功夫在诗外"。我们想要终身写作，目光不仅仅要盯着写作这个领域，更重要的是要不断去学习新的内容，这样才会有源源不断的写作选题和素材。

作为一名写作者，要持续保持学习热情，因为你需要持续输出新的内容与读者分享。

我的写作榜样之一彼得·德鲁克先生，一生不曾间断写作。他有一个很好的习惯，就是每隔两年进入一个新的领域，学习新技能。

对此，我也有亲身的体会。在2019年，我遇到写作瓶颈期，怎么也写不

出东西来，非常焦虑。

后来，我进入一个全新的领域学习新的知识和技能。在学习的过程中，我产生了非常多的灵感，仿佛一下子打通了写作的卡点，公众号更文频率大幅提升，也开始写第三本书。

即使写的是同一类型的文体，也需要跨界。比如严歌苓，她主要写小说，你会发现，她的小说题材非常丰富。她写过《少女小渔》《芳华》《小姨多鹤》《陆犯焉识》《寄居者》……每一次写新题材的小说，她都会去实地调研，这其实也是一种跨界。

导演李安也曾分享过，如果一直拍摄同一种题材的电影，就会比较"油条"，因为题材和套路是熟悉的，处理方法也熟悉，那可能就不会那么努力了。

麦家在谍战文学领域是标志性的人物，他写了《解密》《暗算》等谍战类小说之后，很多人找他写同类型的题材，而他却直接宣布封笔。时隔八年，再出版《人生海海》这部小说。

作为一名写作者，是非常幸运的，他可以把自己的人生经历、学习所得，都通过文字记录下来，分享给更多的人。

写作是一个动态变化的过程，并不是一成不变的。这也是写我所做，做我所写的意义所在。

取悦自己：写作者要学会取悦自己，感受写作的心流

写作这几年，我意识到，写作者首先要取悦的是自己，如果你写的文字没法取悦自己，如果写作让你觉得是一件痛苦的事情，那你是没法长久写下去的。因为一个人无法拥有如此强大的意志力，持续几年，甚至十几年去做一件让自己痛苦的事情。

当你写的文字没法取悦自己时，很容易放弃写作。我就有这样的体验。

在2018年，我每月写一篇复盘文章，持续了一整年的时间。2019年初，我雄心勃勃，立了一个目标，要每周写一篇复盘文章。1月份和2月份，我确实做到了。但后面我越写越没劲，感觉一周的成就事件，写来写去就那么几件，失去了热情。自己写着没劲，读者看着也没劲，后面我就中断了这个"习惯"。

2020年，我又重新开始写周复盘文章。这一次不一样，每一周写复盘文章时，我都怀有一颗虔诚的心，认真思考这一周的成长。

为什么会发生这个转变呢？因为我在每周的复盘文章里，除了写成就事件和幸福事件，我还加了一个新的板块，即每周思维上的突破。每周我感觉自己在思维方面都有不同的成长，因此特别期待在周末的时候，通过写复盘文章来总结这些成长。当我自己带着满满的热情写作时，我写出来的文字也自然更有感染力。

写周复盘文章的经历让我深刻体会到，写作首先要取悦自己，如果心里不想写，是很难写出打动别人的文字的。

Tips

我们在写作的时候，可以找一些能取悦自己的方式。比如，写作时，放一些自己喜欢的轻音乐，或在一个安静的没有人打扰的空间里写作。总之，使用各种方式让自己喜欢上写作，让自己充满热情地去创作，而不是把它当作任务来完成。

如果你在写作的过程中，感受不到任何快感，你很容易放弃写作。

我有一个写作课的学员，她在大学的时候，是某个情感公众号的编辑，每周要写好几篇情感文。熟悉了情感文的写作套路后，她按照套路搜集素材并写作，甚至不需要投入自己的情感和思想。写了一年后，她说自己都要写吐了，再也不想写情感文。

后来，她转型写听书稿。写听书稿，需要先看完书，再用自己的语言来解读书中的精华内容。写听书稿的每一本书都是不同的，因此每一次写作都是新鲜的。

自媒体写作火热时，很多人开始写作，但能持续写下去的并没有那么多。尤其是那些擅长按照套路"生产"爆款文章的人，曾经写出很多"10万+"文章，但后来有的就销声匿迹了。

写作，对于写作者自身的要求是很高的，要求写作者不断自我成长。如果总是写以前写过的内容，对写作者来说，是一件很痛苦的事情。如果想要持续写作，必须持续成长，写作是倒逼成长的方式。

如果你持续写作一段时间，相信你在写作过程中有这样的体验：周围的一切仿佛都不见了，只听到键盘的敲击声，思想随着键盘的敲击声流淌出来。这种感觉很奇妙，也令人着迷。所以我们说"写作本身就是最大的嘉奖"。

Tips

公开写作，是在取悦自己和取悦读者之间寻找一个平衡点。你不可能完全不考虑读者的感受，只取悦自己，那很容易写成"自嗨"的文章；你也不能只想着读者喜欢看什么，就写什么，完全不考虑自己的感受。

写作是一种交流。所以，作为一名写作者，在写作过程中，真诚地面对自己，真诚地面对读者，用心与读者交流，这样写出的文字，既能打动自己，也能打动读者。

Tips

写作不是一朝一夕的事情，它需要日积月累，可能持续几年，十几年，甚至几十年。你必须找到取悦自己的方式，才能持久地写下去。

第七章

写作变现：
通过写作提升个人品牌和价值

扫描二维码，关注公众号
输入"个人品牌"，
获取6大个人品牌打造锦囊

我们学习写作，是希望通过写作提升自己的个人价值。下面我们从写作的直接变现和间接变现两个维度来阐述写作带来的价值。

7.1
写作变现：写作带来的直接和间接变现

直接变现：写作带来的五大直接变现方式

写作的直接变现有多种方式，我们介绍几种常见的方式。

一是稿费收入。

写作一段时间之后，我们可以尝试给一些平台投稿，上稿后就会有稿费收入。如果你经常上稿某些平台，就有机会成为平台的签约作者，每月以比较稳定的频率给平台供稿，获得稳定的稿费收入。

我的学员中有上百位成为各大平台的上稿作者，比如十点读书、樊登读书·一书一课、慈怀读书会、壹心理等。有一些学员特别擅长写听书稿，并成为一些平台的签约作者，每月供稿。一些优秀的学员稿费月入上万元，比本职工作的收入还高。

通过投稿获得稿费收入，你要注意投稿的细节和格式。关于如何投稿，我会在下一节里详细介绍。

二是运营各个平台的账号，获得收益。

不少平台是有广告分成的，比如头条号、百家号、大鱼号等。文章阅读量越高，广告的收益就越多。公众号也可以开通"流量主"，广告的收益跟文章曝光量和用户点击量相关。除了广告收益，你还可以从各个平台获得其他收益，比如参加平台的征文活动、获取平台奖励等。这一部分我会在多平台运营部分给大家详细介绍。

三是打赏收益。

打赏也是写作直接变现的方式之一。大部分的自媒体平台都开通了打赏功能，比如公众号、头条号、简书等。读者喜欢某位作者的文章，可以给他打赏。有一些作者的打赏收益也挺高的。

四是出书的版税收入。

当我们持续写作，积累了个人影响力，说不定会被出版社邀请出书。比如，我就出版了两本书，两本书都带给我版税收入。如果你的书畅销几十万册，版税收入也是非常可观的。

五是广告软文的收入。

在文章中植入产品介绍，是一种常见的软文写作方式。我们在阅读公众号文章时，经常会看到类似的软文。软文广告的报价根据平台粉丝数量以及粉丝黏性而不同。粉丝越多越垂直，文章阅读量越高，软文广告的报价就越高。

间接变现：写作带来的六大间接变现方式

除了直接变现，写作也会带来一些间接变现的价值。

一是开设付费课程或付费社群。

当你在某些领域有自己的专业所长，并且在各个平台积累了一些读者，那你可以开设付费课程，或者训练营。现在有各种各样的训练营，比如思维导图训练营、手绘训练营、写作训练营、时间管理训练营等。

除了付费课程或者训练营，你还可以创建付费的社群，带着大家一起学习和成长。比如，我创建的写作成长社群，用一整年的时间和大家一起读书、写作、成长。

二是电商变现。

公众号支持开通电商，在文章中可以插入商品或者电商的小程序，在公众号的菜单栏中也可以关联电商的小程序。在头条号开通商品卡后，也可以在文章或者微头条中插入商品的购买链接。

三是直接做写作相关的工作。

新媒体相关的工作岗位需求量大，待遇也不错。如果你对内容感兴趣，直接从事新媒体相关的工作也是一种选择。我的学员艾文洱就是学习写作之后，转行做了新媒体主编。工作2年，成为3个公众号的主编，月薪2万多元。

四是提升职场竞争力。

写作对本职工作也有很大的帮助，它能帮助你提升职场的文字表达能力和沟通能力。工作中也有很多场合是需要用到写作能力的，比如，写活动策划方案、工作汇报、年终总结等。写作能力强的人更容易在职场中脱颖而出。

我有一些学员，通过写作实现了单位内部的转岗，有的成为单位的宣传干事，有的转到公文写作的岗位，有的通过写作升职加薪，成为单位的中层管理者。

五是通过写作打造个人品牌。

写作是打造个人品牌非常好的方式，通过文字传达自己的思想和价值，扩大个人影响力。

有了个人品牌和影响力之后，变现的方式也比较多。一对一咨询就是其中一种方式，如果你有专业所长，能提供一对一的咨询服务，那越来越多通过你的文章认识你的人，会付费预约你的咨询服务。

从这些变现的方式来看，靠写作养活自己并不难，况且很多人是有一份全职的工作，利用业余时间来写作，甚至很多人因写作带来的副业收入早就超过了本职工作的收入。

7.2
投稿技巧：
如何寻找合适的投稿平台，高效投稿

　　如果写文章能够获得稿费收入，那么我们写作会更有动力，也会更加努力地提高自己的写作水平。

　　投稿赚取稿费是比较适合新手作者的变现方式，只要你能写出符合平台要求的文章，上稿后就可以获得稿费。

　　对于新手作者来说，成功上稿带来的不仅仅是稿费的收入，还有其他方面的收益。

　　第一，成功上稿，增强写作自信心。

　　很多新手作者默默写作一段时间后，不知道自己的写作水平怎么样，当文章阅读量比较低的时候，会怀疑自己的写作天赋，甚至犹豫是否要放弃写作。成功上稿，哪怕稿费并不高，也是一种对写作能力的认可，并且一想到自己的文章能被更多的读者看到，作者就会有满满的成就感。

　　第二，成功上稿，可以带来更多的曝光量。

　　一般征稿的平台都是有一定粉丝基础的，文章在平台上发布，通常会在文末放作者简介，这对于新手作者来说，是增加曝光量的好机会，尤其是上稿一些粉丝量大的平台，可以极大地提升自己的知名度。

比如，我有一些学员，像米饭、四夕、走心匠等经常上稿十点读书。这个平台的粉丝量大，一篇文章的阅读量都是好几万，有几万人看到你的个人简介，这是多么大的曝光量。读者看到文末的作者简介，说不定会加作者的公众号，所以这也是作者间接积累自己公众号粉丝的方式。

第三，持续上稿，有机会成为平台的签约作者。

当你经常上稿一些平台，就有机会成为某个平台的签约作者。成为签约作者之后，可以与平台达成更加紧密的合作。比如，有一些需要写的选题平台会优先联系签约作者来写；有些平台给签约作者的稿费也会更高。对作者来说，就有了比较稳定的写稿机会和更高的稿费收入。我的学员跳跳妈擅长写亲子文，她是凯叔讲故事、喜马拉雅、小雅读书等平台的签约作者。

▎投稿平台：结合写作定位，筛选合适的投稿平台

很多作者写了文章，不知道如何寻找投稿平台。一般来讲，公众号如果征稿，菜单栏里会有征稿信息，你可以筛选一些想要投稿的公众号，收集投稿邮箱或编辑的微信号。比如我的公众号"弘丹在写作"的菜单栏里就有征稿函。

还有一些专门收集投稿约稿的公众号，每天会推送征稿信息，详细介绍征稿文章类型、征稿要求、投稿邮箱和稿费等信息，你可以从中筛选适合自己写作风格的平台。在投稿之前，要先调研一下，确保平台是真实可靠的，然后再投稿。

一些公众号如果长期约稿，会建立约稿群。编辑会邀请上稿多的作者加入约稿群，并在群里直接发布一些写稿任务或者选题方向。在约稿群里，可以直接跟编辑联系，效率更高，沟通也更便捷。

还可以通过他人引荐加入写稿群。如果你认识一些上过稿的作者，可以

跟这些作者多交流，他们可能会推荐你加入一些优质的写稿群或者把你直接推荐给编辑。

前面我们讲过写作的定位，在投稿的时候，也要根据自己的定位，选择擅长的领域来投稿。

选好平台后，我们要做的是分析平台的写作风格和调性。每个平台都有自己的写作风格。同是职场类的公众号，智联招聘和领英的写作风格就不一样；同是亲子类的公众号，凯叔讲故事和亲宝宝育儿也不一样。投稿之前，一定要仔细阅读平台的往期文章，先了解平台的写作风格再投稿。我有一个学员，当初给某平台投稿时，把这个公众号近一个月的文章都打印出来，将近200页，她仔细分析每篇文章的写作风格，用了什么素材和育儿理念等。把平台的风格琢磨透了，再去投稿就事半功倍了。这个学员用很短的时间就上稿了。

|Tips|

我们刚开始投稿时，可以选择一些过稿难度不太大的平台，虽然稿费也不太高，但比较容易过稿。文章过稿后会给作者带来极大的写作自信，让他更有动力持续创作。有的作者第一篇过稿文章的稿费只有50元，但看到自己写的文章发布后有很多人阅读，除了心情激动，作者也更加坚定持续写作的信念。

投稿格式：仔细阅读平台要求，注意投稿格式

关于投稿的格式，主要注意以下四点。

一是要仔细阅读平台的投稿要求，按照要求来修改文章。

很多平台在征稿时会详细介绍投稿文章应该采用什么样的格式、发送邮件时如何注明标题，以及是否以附件的方式投稿等。我们在投稿前，一定要

先仔细阅读这些要求，并且严格按照平台的要求来投稿，这样更容易获得编辑的好感。

二是要注意文章的排版和分段。

文章的内容当然是第一位的。但除了内容，排版也很重要。简洁清晰的排版，会让编辑的阅读体验更好。如果有配图的话，也要在文中插入配图，并且确保配图没有版权问题。自媒体的文章要注意分段，段落不要太长。

三是投稿的文章一定要原创首发。

这一点非常重要，大部分征稿的平台都是要求原创首发的。原创是指必须自己创作，不能是抄袭的、洗稿的。除了原创，还要首发，所谓首发就是文章不能在任何平台发布过，即使是阅读量为个位数的公众号也不行。只要发出去了，网络上就能查到，就不是首发了。所以，我们在投稿时，一定要确保自己的文章没有在网络上发布。

四是收到编辑回复后，要尽快修改文章。

投稿文章要修改是很正常的，编辑会在文章里批注修改建议。收到修改建议后要尽快修改，不要拖太久。否则，一方面耽误平台的发文安排，另一方面，如果是热点文章，可能因此就错失了最佳的发文时间。一些人觉得改稿比写稿更痛苦，甚至会在改稿阶段放弃。我们一直强调，好文章是改出来的。改稿的过程可以帮助我们快速提高写作能力。平台的编辑一般具有丰富的审稿经验，他们提出的修改建议对我们的写作有很多帮助，甚至能一针见血地指出文章的问题。

另外，投稿后不要总催编辑。有些平台会写明投稿后多久回复，如果超过时间还没回复就视为未采纳。有些平台的征稿函中没有写多久回复，一般来说，若投稿后三天没有收到回复，可以发邮件询问编辑是否过稿。遇到回复慢的平台，你可以利用等待的时间写新的文章，不要把希望都放在一篇稿子上。

> **Tips**
>
> 投稿被拒是很正常的，不要因为收到一封拒稿信，就放弃了写作。应该将每次投稿都视作积累经验，为以后成功上稿做准备。被拒稿后，我们也要分析原因，下次写稿时改进。

7.3 多平台运营：积累各个平台的个人影响力

除了投稿获得稿费收入，另一种获得收益的有效方式是运营自媒体平台，积累粉丝和个人影响力。

现在自媒体平台很多，认真运营一些自媒体平台，也会有不错的收益。以头条号为例，它有多种变现方式：图文的广告收益、微头条的广告收益、悟空问答收益、专栏收益等。认真运营头条号，一个月获得几千元的收入并不难。

公众号也是重要的自媒体平台，积累公众号粉丝，对于打造个人品牌、扩大影响力的作用是非常大的。公众号也有多种变现方式。比如，读者的打赏、流量主的收益、软文收益、付费课程收益、付费社群收益等。我的有些学员在学习写作的过程中开通公众号，积累粉丝，成为拥有几十万粉丝的大号。公众号的粉丝黏性非常好，一个有几万粉丝的垂直度较高的公众号，能创造上百万的收益。

百家号、大鱼号等其他自媒体平台也都有多种变现方式，可以好好运营。每个自媒体平台的规则有所不同，但大体的运营思路是类似的。

> **Tips**
>
> 建议投稿和运营自媒体账号同时进行，不能只是专注于投稿，而忽略运营自媒体账号。

运营自媒体账号，前期比较辛苦，从零开始积累粉丝，需要有耐心。一旦粉丝数量突破1万，它带来的收益是非常可观的。上稿也可以帮助自己间接积累粉丝，比如在上稿文章的作者简介中可以带上自己的公众号或者头条号名称，喜欢你文章的读者可能就会关注你的账号。

运营优势：多平台运营的三大优势，放大文章价值

多平台运营本身也有很多优势。写一篇文章要耗费几个小时的时间，所以我们要把这篇文章的价值发挥到最大，进行多平台分发，使这篇文章获得尽量大的曝光量和阅读量，这就是多平台运营的思路，让你的文章触达各个平台的读者。

进行多平台运营，主要有以下三点优势。

一是将写作的价值最大化。

我们写一篇优质的文章，需要花好几个小时，如果只是发布在一个平台上，并没有把这篇文章的价值充分发挥出来。如果我们有各个自媒体平台的账号，比如公众号、头条号、百家号、微博、豆瓣等，写完文章后，可以多平台发布，这样各个平台的读者都可以看到你的文章，使曝光量得以提升。

二是获得各个平台的广告分成和收益。

如果我们在多个平台上都获得原创标志，且平台都有广告分成和打赏的功能，那同一篇文章就可以获得多个平台的广告分成和打赏收益。比如，你

写的一篇文章，在头条号上获得了10万+的阅读量，在百家号上获得了20万+的阅读量，你在这两个平台上都将有广告分成。如果有读者打赏，你还会获得打赏收益。

三是保护自己的文章。

如果我们写的原创文章，只是发布在某个平台上而没有多平台发布，那可能就会被其他人"搬"到你没有发布的平台上，等你再想发布时，发现平台已经有了类似的文章，比如头条号，它会根据其算法，不再推荐已经发布过的文章。

大部分平台都有原创标，比如公众号、头条号、百家号等，当你的文章标注了原创，平台就会保护它不被其他人抄袭。所以，多平台发布，也是保护自己文章版权的一种方式。

|Tips|
同一篇文章多平台发布，既可以提高曝光量，还可以获得多个平台的收益，同时又可以保护文章的版权，何乐而不为呢？

运营策略：多平台运营的策略，提高变现能力

当你决定了要做多平台运营，接下来的问题，就是那么多自媒体平台，应该如何选择？

自媒体平台确实很多，我给大家列出主要的12个自媒体平台：公众号、微博、头条号、百家号、大鱼号、企鹅媒体平台、网易自媒体、搜狐自媒体、豆瓣、知乎、简书、一点资讯等。

如果你有时间和精力的话，可以在这12个平台上都注册账号，文章写完后发布到所有的平台。这些平台中并不是每一个都需要你手动复制粘贴文

章，有些平台具有自动同步功能，比如搜狐自媒体、大鱼号等。

但我建议，一些重要的平台，还是要手动发布，因为自动同步会影响推荐量。比如，一些平台不允许在文章中出现二维码，但发布在公众号上的文章经常在文末放二维码，在这种情况下，如果选择自动同步发布，公众号文章中的二维码就不符合其他平台的要求。

我的策略是，**重点的平台手动发布，次要的平台自动同步**。比如，公众号、头条号、百家号选择手动发布，企鹅自媒体、搜狐自媒体、网易自媒体等选择自动同步文章。

发布文章时，要注意文章发布的顺序。

一般，文章先发布在头条号上，因为头条号采用机器算法推荐机制，所以如果你的文章曾经发布过，就会被算法判定是重复文章而推荐量不高。

对于大部分自媒体人来说，公众号是非常重要的平台之一。因此，第二个发布的平台为公众号。原创的文章一定要标上原创标识，这样文章就不会被别人抄袭。剩下10个平台的发布顺序关系不大。

在纸媒时代，文章发布之后，就算是大功告成了。但在自媒体时代，文章发布后与读者的互动也是非常重要的。

在各个平台发文后，要及时回复读者的留言。及时回复公众号的读者留言，可以提高读者的黏性。在头条号及时回复读者的留言，可以提高文章的热度。在与读者互动的过程中，也可以更加了解你的目标读者的喜好、他们关心的话题等，为你以后的选题提供思路。另外，在与读者互动的过程中，也可以发现文章的问题，比如错别字等，发现问题要及时修改。

> **Tips**
>
> 文章发布之后，要及时复盘文章的阅读量、点赞数、评论数、转发量，等等。每篇文章写完之后，注意统计这些数据，通过一段时间的积累，根据

统计数据，就可以总结出自己比较擅长写哪一类型的文章，读者喜欢看哪一类型的文章等，由此来调整自己的写作方向。

我们以头条号为例来说明运营自媒体平台的变现方式。

头条号是一个基于算法推荐的自媒体平台，算法会把文章推荐给可能对你的内容感兴趣的用户。所以，即使是新手作者，也有机会获得几十万的阅读量。我有很多学员是新手作者，在头条号写作十几天，就写出了阅读量10万+的文章。

头条号的变现方式比较多，这里简单给大家介绍五种变现方式。

一是写文章带来的广告收益。

在头条号上，可以发布自己的原创文章，字数一般在1000字以上，具有独特的观点和态度。发布时勾选"投放广告赚收益"，文章就会给你带来广告收益，阅读量越高，收益也越多。如果文章有几万，甚至十几万的阅读量，广告收益也是很不错的。想提高广告收益，一方面是要提高文章的阅读量，另一方面要多发文章，比如每天发5篇。

二是微头条收益。

2020年4月28号开始，微头条收益面向"粉丝数不低于1000且账号类型非国家机构和其他组织的作者开放"。影响微头条收益的主要因素是内容的质量、阅读量、粉丝阅读量等。

相对图文来说，微头条更容易写出爆款内容，我的学员有不少获得10万+、50万+、100万+的阅读量。有学员开通微头条收益后，第二天就有100多元的收益入账。如果开通了商品卡功能，还可以通过微头条带货，卖商品获得收益。

三是悟空问答的收益。

悟空问答是头条号的问答产品，收益金额跟问答质量、粉丝互动等因素相关。开通问答收益后，持续输出优质的回答，收益也是不错的。

优质问答一般回答字数300字以上，观点明确，论据充分，有信息增量，体现专业性或者有独特视角。

通过问答可以锻炼自己解决问题的能力和思考能力，还可以成为文章的写作主题或者写作素材，是一个一举多得的事情。

四是付费专栏的收益。

当你在某个领域有自己的专业所长，或者有自己的付费课程，就可以在头条号上开通专栏。专栏的形式可以是图文、音频、视频等。付费专栏的内容，用户只有付费后才能观看。专栏做得好，收益也是很可观的。

五是内容带货的收益。

在头条号开通了商品卡功能后，就可以在图文中插入商品的购买链接，或者是在微头条中插入购买链接。比如你喜欢某一本书，可以写微头条分享这本书，还可以写书评，顺便插入购买链接。对于读者来说，看完你的推荐和介绍，直接下单购买，也很方便。

自媒体平台的活动和规则是会变化的，大家以平台发布的最新消息为准。

> **Tips**
>
> 虽然不同自媒体平台的规则和变现方式有所区别，但底层逻辑是相通的。你可以把运营一个平台的经验迁移到另一个平台上，实现多平台运营，并获得多个平台的收益。

7.4 个人品牌：
用写作打造个人品牌，实现持续变现

公众号的口号是：再小的个体也有品牌。在这个时代，每个人都要打造自己的个人品牌。

写作的价值是通过文字输出作者的思想和价值观，与读者建立信任，放大个人影响力。通过写作，可以100倍甚至1000倍地放大个人影响力。比如，我的朋友字美美是一位书法爱好者，2017年辞去工作，深耕书法领域。她通过写作打造了自己在书法领域的个人品牌，开设30多期练字训练营。她事业上的一位重要合伙人也是通过阅读她在简书上的文章认识她的。

在这个时代，有专业知识，又会写作的人，是非常有竞争力的，而且能创造巨大的收益。得到的薛兆丰老师的专栏"薛兆丰的经济学课"，定价199元，有45万多人订阅，也就是一个专栏创造了8900多万的营收（粗略估算）。而薛兆丰老师的专栏，是通过写文章来交付的。

▎打造步骤：如何用五步法打造个人品牌

普通人应该如何打造个人品牌呢？接下来我跟大家分享如何用五步法打造个人品牌。

第一步，精准定位，对标榜样。

你要找准定位，分析自己擅长什么，准备在哪个领域打造自己的个人品牌。每个人都有自己的特长和优势，你可以梳理下自己的特长是什么，优势是什么，哪些事情做得比别人好，别人经常问自己哪些问题。你也可以从别人的反馈中去寻找自己的优势。比如，你发一条朋友圈，让大家写出对你印象最深的三点是什么，或者问一些熟悉的朋友，做深度访谈，一起梳理自己的定位。以我为例，我的定位是写作，我写的文章、我制作的课程都是围绕写作展开的。

定位确定之后，接下来去寻找你的榜样。在这个领域里，谁是你特别想学习和对标的，可以列出3～5个榜样，然后拆解这些榜样。通过拆解，你可以分析榜样的优势、他们的成长路径，以此来指导自己的个人品牌打造。

第二步，根据定位，设计MVP产品。

打造个人品牌不是说有了定位就可以，而是要有产品来体现你的标签。我的定位是写作教练，我的产品有写作书籍、写作课程、写作社群，等等。

很多人会觉得，必须要设计出非常完善的产品，再推向市场。但这往往要等很长时间，而且还不一定是用户喜欢的产品。

我们一开始不需要设计大而全的产品，可以先从MVP产品开始。MVP是Minimum Viable Product的缩写，是指最简化可实行产品。

MVP产品是《精益创业》的核心思想，意思是用最快、最简明的方式设计一个可用的产品原型，然后对产品进行快速迭代优化，来适应市场。

比如，我们围绕自己的标签，可以设计15分钟的微分享，看用户是否喜欢自己的内容，也可以设计一个收费9.9元的10分钟咨询，看是否有用户下单。

MVP产品非常容易实现，同时也可以测试自己的定位是否精准，是否符合市场需求，是否会有用户付费。

第三步，输出专业内容，吸引精准用户。

有了MVP产品之后，我们还要持续输出专业领域的内容，给用户提供价值，吸引精准用户关注我们，扩大自己的影响力。你可以通过写作的方式，持续输出自己的专业知识，分享你的经验、思想、见解等，从而积累读者，积累品牌影响力。

比如，我持续输出与写作相关的文章，出版了与写作相关的书《从零开始学写作》，制作写作课程，这些都是在积累我在写作领域的影响力。

第四步，借助平台或势能，放大影响力。

《红楼梦》中有句话是这么说的："好风凭借力，送我上青云"，我们打造个人品牌，也要学会借力，放大自己的影响力。

可以结合一些热点来宣传自己的品牌；也可以跟一些大咖合作，强强联合来宣传自己的课程，为个人品牌赋能；还可以去参加一些重要的论坛，或者成为一些大型活动的嘉宾。

比如，我出版书籍之后，成为中央人民广播电台《品味书香》《湖北之声》等节目的分享嘉宾，这样可以放大自己的影响力。

第五步，不断成长，优化定位和标签。

我们一开始的定位和标签，不一定是最合适的。在打造个人品牌的过程中，我们可以不断收集反馈，优化定位和标签，找到最适合自己的。

比如，我一开始的定位是写作教练，随着我的个人发展，我给自己增加了第二个标签，女性个人影响力商业顾问，因为很多人咨询我如何打造个人品牌，如何提升个人影响力。

▎写作价值：写作如何从三个维度打造个人品牌

刚才介绍了打造个人品牌的五步法，那么如何通过写作来打造个人品牌呢？我觉得，至少可以从以下三个维度打造个人品牌。

第一个维度，持续输出专业内容。

打造个人品牌，要持续输出对读者有价值的专业内容。比如，我会持续输出写作方面的文章、课程和书籍。

除了输出专业内容，你还需要打磨自我介绍，让别人看到介绍，就想加你为好友。你要梳理自己的成长故事和成就事件，并在各大平台上广泛传播，让读者了解你，对你产生信任。在互联网上很难面对面交流，所以你需要用成长故事、成就事件去打动读者，增加个人辨识度。

Tips

要多平台持续输出专业领域的内容。越分享越幸运，越分享你的个人品牌，影响力就会越大。当你在专业领域有足够的积累时，还可以出版书籍。出版书籍，对于个人品牌的打造有很大帮助，这是一种很强的品牌背书。

第二个维度，通过写作吸引精准读者。

我们在各个平台上写文章，输出思想和价值观，以此吸引认同我们的读者，积累粉丝。比如，公众号粉丝、微博粉丝、头条号粉丝，等等。

还可以通过原创文章吸引更多的精准读者。在文章里面设置一些"钩子"，比如说加你好友或者关注你的公众号可以获得一些福利或资料。根据凯文·凯利的一千个铁杆粉丝理论，如果你能找到1000个铁杆粉丝，基本上就能够养活自己。

第三个维度，通过写作扩大产品的传播度。

有了知名度，有了读者，你得有产品。有产品，才能跟读者建立更深的连接。如果你是做课程的，你可以开发音频或视频课程、训练营、社群等；如果你不做课程，有的是实物产品，那社交电商也是很好的切入点。

不管是朋友圈的文案，还是课程或产品的介绍文案等，都需要通过文字来宣传你的产品，这需要写作能力。

案例拆解：弘丹是如何通过写作打造个人品牌的

前面讲述了打造个人品牌的五步法，以及如何通过写作打造个人品牌，最后我们来拆解一个案例：弘丹是如何通过写作打造个人品牌的。如果你也想通过写作打造个人品牌，可以将其作为参考。

第一步，深耕一个平台，做出成绩和影响力。

2015年的时候，简书正是一个新兴的互联网写作平台。当年我从9月份开始在简书上写作，文章经常被简书首页推荐。在坚持写作400小时之后，我成为简书的签约作者，这是我打造个人品牌的第一步。

先在一个平台上做出成绩，才会被大家记住。这时，再去申请其他平台就很容易通过，甚至很多平台会主动邀请你入驻。

当然，选择平台很重要，选择平台要看整体的大趋势。在2015年选择简书和公众号，机会是比较多的，也容易做出成绩。可是现在如果也是这么选择，那做出成绩会难很多，而选择头条号，抖音、快手等短视频，可能就相对容易一些。

第二步，多平台运营，10倍放大自己的影响力。

写好文章后，可以多个平台发布。写文章需要花费几个小时的时间，多平台发布只需要几分钟，但你的个人影响力却能放大十几倍。如果你想通过写作打造个人品牌，让全网都看到你的文章，你可以申请多个平台的账号，进行多平台运营。多平台运营也包括朋友圈，通过朋友圈展示真实的自己，与读者建立深度连接。

第三步，开发课程或训练营。

有了自己的个人品牌和影响力之后，可以开发课程或者训练营。2016

个人品牌：用写作打造个人品牌，实现持续变现

五步法打造个人品牌

1. 精准定位，对标榜样
2. 根据定位，设计MVP产品
3. 输出专业内容，吸引精准用户
4. 借助平台或势能，放大影响力
5. 不断成长，优化定位和标签

写作如何从三个维度打造个人品牌

1. 持续输出专业内容
2. 通过写作吸引精准读者
3. 通过写作打大产品的传播度

弘丹是如何通过写作打造个人品牌的

1. 深耕一个平台，做出成绩和影响力
2. 多平台运营，10倍放大自己的影响力
3. 开发课程或训练营
4. 出版书籍，为个人品牌背书
5. 与大平台合作课程，卡位细分领域
6. 做社群，与认可你的人深度连接

弘丹说写作

年，我开设"21天零基础写作训练营"，到现在快30期了，"30天高效读书写作训练营"也做了十几期。2018年我开始做年度写作社群，用一整年的时间陪伴大家读书、写作、成长。2019年我有850多名年度会员，到2020年我的年度会员已经超过1000名。要去开发属于自己的产品，才能与你的用户深度连接。

第四步，出版书籍，为个人品牌背书。

当你不断输出专业领域作品，就会有编辑联系你。我的两本书都是编辑主动联系我出版的。出书是一种非常好的个人品牌背书，《从零开始学写作》出版后，提升了我在写作领域的影响力。

我的很多合作，都是因为对方看过我的书找过来的。也有很多读者，读了我的书后，来参加我的写作训练营。书籍出版之后，我也做线下签售，与全国各地的读者见面。所以说，出版书籍是打造个人品牌的重要一环。

第五步，与大平台合作课程，卡位细分领域

2019年我与多个平台合作，上线了《18节易上手的读书写作课》，在荔枝微课、千聊等平台的官方公众号上多次推广，目前这个课程在全网有超过3万名学员。很多人学习了我的课程后，加入我的写作训练营或成为我的年度会员。

这个课程上线后，我的个人知名度和影响力也有了很大的提升，有很多大咖将我的课程分享到他们的社群里。获得领域内关键人物的认可，对我也是一种很大的势能加持，这些都是和大平台合作的收获。

第六步，做社群，与认可你的人深度连接。

社群是陪伴式的，大家可以有深度的连接。为此，我开设了写作社群"弘丹写作成长学院"，这是一个年度的陪伴式社群，大家可以在社群里充分地交流。

做社群，一方面可以与认可你的人深度连接，大家一起成长，另一方面还可以使社群的小伙伴们互相影响。社群的氛围很重要，良好的学习氛围可以促使大家一起学习。

总结我的个人品牌打造之路，那就是不断写文章，输出优质的内容，有了优质的作品和课程，再通过渠道放大自己的影响力。

Tips

个人品牌，不是你给自己贴个标签就有的，而是大家给予你足够的认可和信任才建立的。打造个人品牌重要的是要言行一致，你的一言一行，都是你个人品牌的呈现。

7.5
出版书籍：如何出版自己的第一本书

每一位写作者心中都有一个作家梦，希望有一天，自己写的文章能够出版成纸质书。我刚开始写作的时候，也是如此，希望能出版一本属于自己的书，但又觉得遥不可及。

没想到，持续写作一段时间之后，就收到了编辑的出版邀请，并在2017年出版了第一本书《时间的格局》，2018年出版了第二本书《从零开始学写作》。所以说，梦想还是要有的，万一实现了呢？这部分我会跟大家分享，如何出版自己的第一本书。

出书的意义：为什么要出版属于自己的书籍

出版属于自己的书籍，除了可以让我们实现梦想，更重要的是，可以帮助我们打造个人品牌。如果你在专业领域有所积累，有一定的文字功底，愿意用文字分享自己的专长，出书并非遥不可及。普通人也能出版一本属于自己的书。

我先生是一位普通的程序员，他在工作之余，将自己的技术心得写成文章，发布在各大平台。在他发布了两篇文章之后，就有编辑联系他出书。写了8篇文章后，又有一位清华大学出版社的编辑联系他。他的技术书《React进阶之路》于2018年上市。书出版之后，他受到慕课网的邀请，制作了一门前端技术开发的课程，并成功上线。出书也为他后面的工作选择带来了独特的优势。

虽然他是一位程序员，不需要靠文字为生，但能出版一本技术类书，说明他的技术扎实，写到简历上也是一个"加分项"。

Tips

出版书籍，不仅可以提升个人知名度、专业度，还能增加收入，因为出书本身就有版税收入。

出书准备：新手作者在出书前要做哪些准备

看完前面的介绍，你是不是特别心动，想要出版自己的书籍？但又不知道怎么做，你可能会问，我是一个新手作者，该怎么出书呢？本节我们就来讲讲，新手作者在出书前需要做哪些准备。

一是不断提升自己的写作水平。

不管你要出版什么书籍，都需要有比较好的文字表达能力。这个文字表达能力，指的是能够简洁清晰地表达自己的思想和观点。大部分实用类或技术类书籍，并不需要你有多好的文笔，但需要你能把知识点和方法讲明白。所以，对写作能力还是有一定要求的。

二是不断提升自己的专业能力。

如果想出书，除了要提升写作能力，更重要的是，你需要不断提升你的专业能力。

出书跟写文章不一样。书籍需要系统化地阐述某个领域的主题，你对这个领域有足够的积累，写的书才能有更强的说服力。比如，我先生是程序员，他特别喜欢钻研技术，能获得编辑的青睐与他的技术积累是分不开的。

> **Tips**
>
> 如果你有自己的专长，或在某个领域有深厚的积累，可以用写作分享自己的经验或专业知识。出版社的编辑会经常去各大自媒体平台看热门文章，筛选优质作者合作出书。

三是打造自己的个人影响力。

想出书，也需要不断打造自己的个人影响力。尤其要在各个自媒体平台上发布文章，让更多人看到。如果你几乎不在网络上发布你的文章，别人也不知道你写得怎么样，你的专业能力如何，更不用说编辑会主动来找你合作出书。

同时，你在各个平台上积累的粉丝和读者也很重要，编辑会充分考虑作者的个人影响力和具备的资源。所以，你要从现在开始，打造自己的个人影响力，为未来出书做准备。

第七章 写作变现：通过写作提升个人品牌和价值

出书流程：出版一本书的详细流程

一是准备大纲和样章。

要出版一本书，第一步是准备资料，包括：作者简介，比如你的写作能力、专业能力、各平台拥有的粉丝数量等；书的选题和目标群体，也就是这本书能给哪些读者带去什么样的价值；选题的内容，比如目录、书的特色和亮点等。除此之外，还要准备3～5篇样章，以便编辑了解你的写作水平和书的内容。

选题通过后，编辑会与作者签订出版合同。作者签署出版合同时，一定要仔细阅读合同里的条款，比如，版税、交稿日期、违约责任等。

二是确定大纲，开始创作。

签完合同，接下来就是根据大纲来写书稿。之前报选题时提交的是拟定大纲，在写作的过程中，可以根据新产生的想法调整大纲。

正式创作之前，最好能把大纲确定下来。大纲定稿之后，再开始创作具体的内容。

写书的过程并不容易，比写文章难多了。写一篇文章就2000字左右，而写一本书大约要10万字，这10万字是关于某个主题的体系化的内容。

我在写《从零开始学写作》时，就多次遇到写不下去的情况，甚至想要放弃，还好自己熬过来了。用"十月怀胎"来比喻写书的过程蛮贴切的。你写的书，就像是你怀胎十月诞下的孩子一样，当书稿完成的时候，你真的会有热泪盈眶的感觉。

三是拆解写作任务，制订写作规划。

写书稿时，要给自己制订详细的写作计划，否则很容易拖延。可以把一本书拆解成几个小任务，每周按照小任务来安排写作进度。

我有一个朋友，他写书"难产"了好几次。一开始写书，他不懂得拆解

如何出版自己的第一本书

为什么要出版属于自己的书籍
不仅可以提升个人知名度、专业度，还能增加收入

新手作者在出书前要做哪些准备
1. 不断提升自己的写作水平
2. 不断提升自己的专业能力
3. 打造自己的个人影响力

出版一本书的详细流程
1. 准备大纲和样章
2. 确定大纲，开始创作
3. 拆解写作任务，制订写作规划
4. 进行修改完善
5. 配合营销活动

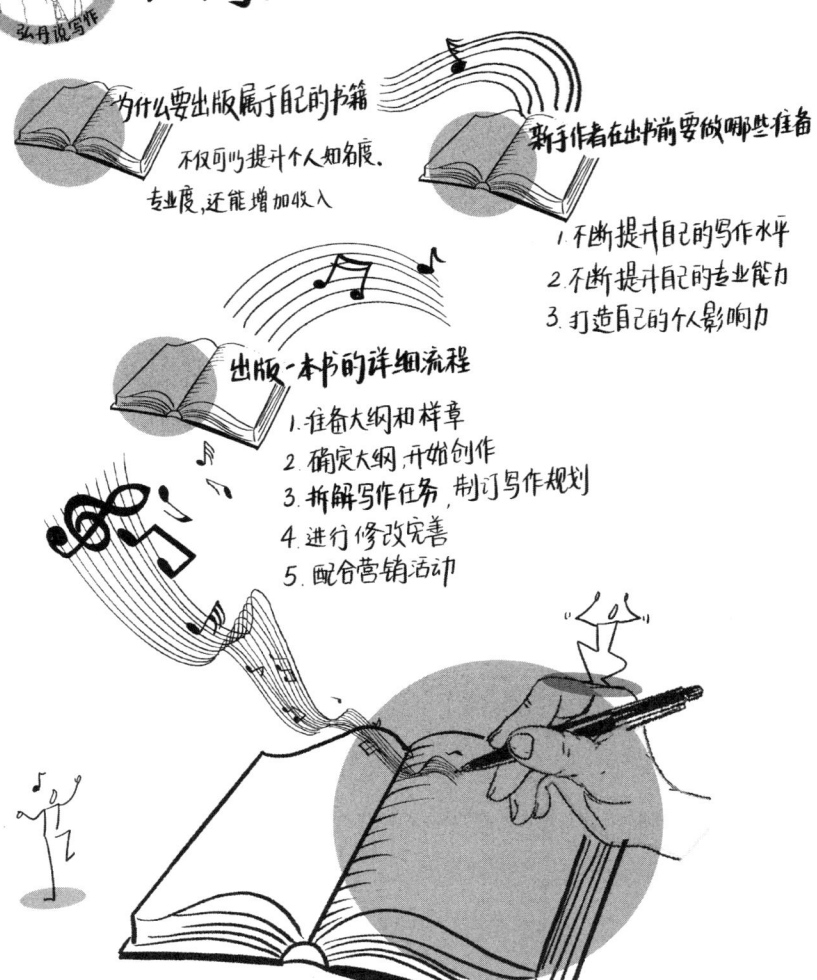

任务，总想一口气写完，结果写不下去。后来他换了个思路，把一本书拆成7章，每章拆成10篇文章，每周完成几篇。用这种方式，他最终写完了书稿。

所以，我们在写书的时候，要学会拆解任务，规划好时间，按部就班地完成，不要想着一口气就写完，否则很容易放弃。

四是进行修改完善。

写完初稿之后，还需要修改。修改是很费时间的，一定要预留修改的时间。你现在看到的这本书修改花的时间比写初稿花的时间还多。写完初稿后，逐字逐句修改了五六遍，提交给出版社的编辑，再经过三审三校，才能最终定稿出版。

五是配合营销活动。

写完书稿并不意味着就大功告成了。书出版后的营销和宣传也非常重要，你需要配合出版社做一些营销活动，比如，参加各个城市的新书签售，在一些大的平台上做直播分享或者线上分享等。如果作者有资源，也可以借助自己的力量来宣传书。

Tips

出书并非遥不可及，但前提是你有一定的写作功底以及深厚的专业知识积累。为了早日实现你出书的梦想，从动笔写第一篇文章开始吧。

后　记
AFTERWORD

写作是一辈子的事情，做一名终身写作者

有时候，一个小小的决定，足以改变你的生活。就像我当初每天早起在书桌前写400字日记，未曾预料那是自己写作的起点，也未曾想到几年后自己能出版多本书一样。

当你做出写作的决定，你的生活和人生会发生改变。

改变，往往是从做好一件小事开始的。写作不是高高在上，写作是一件很小的事情，就像吃饭喝水一样平常。当你能做好持续写作这件小事，我相信你的生活会发生很多正向的改变。

既然你花费了时间认真阅读这本书，就要真正践行起来，养成写作的习惯，让写作成为你生活的一部分。我相信，通过时间的复利效应，你在写作上会取得越来越多的成绩。

在写作的过程中，也许你会遇到各种各样的困难。请你相信，你并不孤独，我们都曾经历困难。遇到困难并不可怕，可怕的是你放弃。今天你放弃了写作，明天也许你会放弃其他事情。人生的时光就在"尝试—放弃"的循环中被消磨掉了。希望这本书可以解决你写作中遇到的困难，也能带给你持续写作的勇气和动力。

对于写作，重要的不仅仅是写作技巧，还有你这个人，你的作品写得多好，取决于你和你的生活。"纸上得来终觉浅，绝知此事要躬行"。作为写作

者，我们要深深扎根于生活，体味人生百态，同时保持孩童般的好奇心和敏感度重新打量这个世界。通过文字，诗意地栖居在这个世界上。

当你持续写作，你的影响力会越来越大，你的文字能够影响越来越多的人。希望你不要忘记写作的初心。希望你的文字，能够给这个世界创造美好，带给读者价值，影响更多人变得越来越好。

写作对于写作者本人的受益是巨大的。在如切如磋、如琢如磨的过程中，写作者的思考愈益深入，思想愈益澄明。

就像罗曼·罗兰说的："写作是一条认识自己，认识真理的路，你只要喜欢写，应该随时动笔去写。"

虽然说在历史长河中，我们每个人都不过是一粒微不足道的尘埃。但即使再平凡，我们也要留下在这个世界生活过的痕迹。用文字书写生活，镌刻时光，我们的作品是今生今世存在的证据。**在不断创作的过程中，我们也在创造自己生命的意义，发挥自己人生的价值。**

站在生命的终点，已是耄耋老人的你，会感谢年轻时的自己写下的文字，那是你一生的见证，也是你独一无二的作品。

真正的死亡并非肉体的离开，而是世界上再没有一个人记得你。通过写作不断创作作品，你的作品可以穿越时空，让你的思想活得比肉体更长久，也会有更多人记得你。所以，从长远的时间维度来看，写作的意义是显而易见的。

写作本身也有疗愈的作用。写作是一种倾诉，在书写的过程中，你的焦虑、压力、坏情绪得以排解，不断与内心对话，会带给你平静与幸福。

写作也可以对抗时间的流逝和遗忘。年轻的时候，我们总觉得时间过得很慢。而对于中年以后的人来说，十年八年好像就是指缝间的事，转眼就过去了。用文字记录生活，让时间慢下来，也让自己的生活有迹可循。

人生因读书而愈益丰盛，心灵因写作而愈益敞亮。坚持读书和写作，在

后记

日复一日的工作生活中，保持探索世界的好奇心，保持积极向上的精神状态，对抗无聊和寂寞。

写作带给你生命的觉知，唤醒你内在的智慧，生命在文字中获得重生。

写作是一辈子的事情，让我们一起做一名终身写作者，写我所做，做我所写，终身成长。

在最后，我想和你分享关于写作的10句话。

1. 写作不是作家的专属，是每个人都应该掌握的基本技能。
2. 写作的本质是用文字表达思想，写作的价值是建立信任，影响他人。
3. 放下焦虑，放下评判，放下失败的恐惧，相信自己的创作潜能。
4. 写作是终身学习者和终身成长者的标配。
5. 生命终有尽头，而文字却可以穿越时空。
6. 每一个不曾写作的日子，都是对生命的辜负。
7. 输出倒逼输入，通过写作获得10倍成长。
8. 有专业知识，又会写作的人，是非常有竞争力的，能创造巨大的价值。
9. 做一位长期主义的创作者，相信时间的力量，不断积累个人影响力。
10. 写我所做，做我所写，终身写作，终身成长。

让我们在写作道路上持续精进，成为一名写作高手，实现自己的写作梦想。

微信扫描二维码，和我一起终身写作
输入"写作技巧"，获取独家写作方法
输入"弘丹书单"，获取精进写作书单
输入"精进写作"，获取全书18张彩色插画

附 录
APPENDIX

写作践行故事：写作会带来什么样的改变

写作会给生活带来什么样的改变？在附录这部分，我选取了"弘丹写作成长学院"部分学员的写作成长故事，他们中有大学生、职场新人、职场妈妈、二胎宝妈，以及即将退休的70后，甚至已经退休的60后。他们来自不同的城市，有着不同的年龄和职业，但他们有一个共同的身份，那就是写作者。希望他们的故事能给你一些启发，能激励你持续精进写作。

写作，属于我的"救赎之道"

——米饭

从小我就是个特立独行的人。

只要是认定的事情，无论有多困难，我都会秉持着"一条道走到黑"的决心去完成它。但唯独写作，是我放在心里十多年，始终不敢触碰的梦。小时候除了上学睡觉，其余时间我都会泡在书店里，可能一个下午，可能一整天。或许早在那个时候，我就在心中种下了写作的梦想——以后我要从事与写作相关的工作。

现实总是很残酷。因为某些原因，我放弃了一直想上的厦门大学，也放弃了梦想的中文系。大学读了四年的艺术，虽然很开心，但只有我自己知道，心里的某处角落偶尔会觉得空落落的。

直到近两年，我重新拿起了笔。

2018年，我抱着玩乐的态度写了一部百万字小说。签约了红袖添香，还坚持日更4000字长达一年，这对于我而言意义非凡：除了成就感，它让我完成了少时的一个小梦想。

2019年，大四的我遇见了弘丹老师，带着满腹的好奇我报名了弘丹老师的写作训练营。没想到，这是我2019年做过的最正确的决定——短短一个月的时间，我从一个完全不明白什么是拆解稿的"菜鸟小白"，成功过稿了十点读书，累计上线5部文学类拆解稿作品，每篇阅读量达4万+，也上线了4部听书稿作品，其中《82年生的金智英》，我是国内第一个拆解这本书的人，当我拿到试读本时，那份喜悦依旧记忆犹新。

老实说，这样的成就是我之前没有预料到的，倘若没有弘丹老师的帮助与赏识，我可能还是个一窍不通的"门外汉"。

读书，对我而言是犹如吃饭饮水般平常的事情，而写作，之于我更是生命中不可或缺的东西。

漫漫人生长河，我很庆幸能重拾写作，更庆幸它没有放弃我。正如《刀锋》扉页说的那样："剃刀边缘无比锋利，欲通过者无不艰辛；是故智者常言，救赎之道难行。"

写作，就是属于我的"救赎之道"。

作者简介

米饭，95后，十点读书签约作者。常驻十点读书·成长图书馆，擅长写文学类和传记类听书稿和拆解稿。曾坚持每日码文4000字，一年不断更，小说签约红袖添香。目前正在撰写一部人物传记。

写作，是平凡生活中的英雄梦想

——林希言

工作两年后，有一天我惊讶地发现：自己脑子里除了客户和业绩，竟空无一物。我仿佛是一个没有灵魂的机器人，按部就班地上下班，不读书，不思考，每月最期待的，就是发工资的那一天。

我实在受不了了，恨铁不成钢地跟自己说："再这样下去，你就要废了！"

我想改变现状，却不知从何做起。无意间看到弘丹老师的公众号，翻阅历史文章，了解到她坚持写作4年并成功出书，我一下子被震撼了。从小，我就有一个作家梦，却总以工作忙、没时间为借口，把梦想遗失在时间的尘埃里。

弘丹老师的文字唤醒了我心底对写作的渴望。于是，我试探性地拿起笔，记录自己的生活。后来，我参加了弘丹老师的写作课，给一些平台投稿，竟成功过稿。

有一次弘丹老师在群里发布散文合集征稿，如果过稿，文章可以直接出版。我看到后，有点心动，可我从没写过散文，担心写不好。

截止日期趋近，弘丹老师问我写得怎么样了，我不好意思说还没开始，就硬着头皮码字。写完后忐忑地发给弘丹老师，拜托她帮忙修改。本来以为只会收到几句象征性的点评，没想到她竟在文章里一字一句做了批注，给出明确的修改意见。我修改后，文章脱胎换骨，最终通过审核。

阿根廷作家博尔赫斯曾说："我写作不是为了名声，也不是为了特定的读者，而是为了光阴流逝使我心安。"于我而言，亦是如此。

如今，写作已经成为我的一种习惯。因为写作，我的人生悄然发生变化：每天清晨，我不再睡懒觉，而是坐在桌前码字；周末，我不再去逛街，而是泡在图书馆里大量阅读；遇见烦心事，我也不再抱怨，而是窃喜多了一个写作素材。因为写作，我与焦虑的自己握手言和。

后来，在弘丹老师的邀请下，我成为公众号"弘丹在写作"的编辑，为公众号排版了上百篇文章。非常感谢弘丹老师的信任，给了我试错的勇气和成长的空间。在弘丹老师的引荐下，我也开始筹备自己的第一本书。

写作，是我发自内心热爱的事业，也是我的诗和远方，希望一生笔耕不辍。

作者简介

林希言，95后，《天边》《行走在都市的霓虹灯下》散文合集作者。文章散见于十点读书、有书、剽悍晨读等平台，擅长书籍解读和干货文。

与其浪费时间，不如给今生今世留下点证据

——今安

我，90后，2018年硕士生毕业顺利进入职场。

有的人为工作忙得昏天黑地，职场发展路径清晰，事业风生水起。有的人工作很闲，比如我，工作没压力，升职得熬工龄，除了工作日8小时，其余时间都自由。

像很多年轻人一样，下班后我沉迷于打游戏和看剧，浪费着一整晚一整晚的时间。我不知道除了打游戏、看剧我还能干点其他什么事情，直到我遇到了弘丹老师的课程。

初次看到21天写作训练营的课程，我抱着打发时间、试试看的态度报了名。改变从此一点点发生。下班后我不再无所事事，而是听弘丹老师的写作课程。

在老师的一步步带领下，我开始留心观察生活，打开尘封很久的电脑写文章。我听见了灵魂的声音，记录下思想，体会到诉诸笔端酣畅淋漓的感觉。我终于明白了德国作家海塞说的"没有什么比沉浸在穿凿的欢乐与激情中挥笔疾书更美，更令人心醉的事了"。相信我，写作的快感与打游戏胜利的喜悦相比有过之无不及。况且打游戏不是总赢，而写作，只要你动笔，就是打开了快乐的魔盒。

高中的时候，读到刘亮程的文章《今生今世的证据》，我感触颇深，常常想该在这个世界上留下什么我今生今世活过的证据呢？百年之后又有多少人知道我在这个世界上存在过呢？像毛泽东、邓稼先、袁隆平那样做出杰出贡献、名垂青史的伟人少之又少，我估计是不可能的了。

但我可以成为另一种人。我们通过《包法利夫人》知道福楼拜存在过，通过《项链》知道莫泊桑存在过，通过《许三观卖血记》知道余华存在过……作品就是作者今生今世存在的证据。

所以我要写作。当我不在这个世界上的时候，我的文字还能留在世界上，哪怕给一个人带来改变或影响，就是我的一点成功。像弘丹老师，带领上万人走上写作的道路，帮我们重新找到了生活的意义，影响深远。这样的人生就充满价值，我们每个人的改变就是她今生今世存在过的证据。

我不再没日没夜地打游戏、看剧浪费时间。我要写作，留下文字，留下我今生今世的证据。

作者简介

今安，90后，今日头条职场领域黄V优质作者。喜欢读书，喜欢旅行，梦想着有一天能出一本书。写作之路长远且艰难，希望自己能不忘初心，享受写作的乐趣。心之所向，素履以往。

如何通过写作化解中年危机

——露西小鱼

我一直不相信中年危机，可在我30多岁的时候，它真的来了。公司被收购，掀起离职大潮。瞎忙一天回到蜗居，用刷圈看剧掩盖我内心的空虚和焦虑。

回头再看看自己名校毕业、一路乖乖女的经历，跟现在的苟且相比，真是一个天大的笑话。来自小城市的我，曾经发誓要做一个了不起的人，我甘心碌碌无为地过完一生吗？绝不。于是我开始寻找出路。

2018年，我无意中听到弘丹老师的分享会，她的热情和真诚一下子打动了我。我毫不犹豫地报名了她的训练营。跟着专业老师学，真的可以少走十年弯路。我写作不到一个月，作品登上简书首页，还被评为优秀学员。我的写作热情立刻被点燃了。

我又参加了弘丹老师的听书稿写作训练营，这也带给我很大的改变。我以前看书，都是被逼无奈，从来没体验过阅读的乐趣。可自从学习了高效阅读法，我发现自己爱上了读书，因为书能帮我解决实际问题，带我穿越时空，给我无限的想象空间和精神自由。同时，我把读过的书，用写听书稿的方式分享出去，让更多人吸取书中精华，也是一件很有意义的事。就这样，我竟然成为樊登读书·一书一课的签约作者。

同时，我发现自己的工作也在悄悄发生变化。公司领导得知我每天5点早起读书写作，又是平台签约作者，发现我擅于学以致用，乐于分享，他竟然让我担任企业大学教务长，给我的职业生涯开辟了新的机会。

2019年，我梳理自己的特长和爱好，发现我对写小说特别感兴趣。于是我参加小说训练营，用30天写了一部6万字的儿童文学作品，还被评为最具创意小说，在付费电子书平台上发表。我的第二本小说也正"在路上"。

回头再看所谓的中年危机，早已迎刃而解。读书写作，让我走出迷茫自卑，发现自己的更大价值，找到未来努力的方向，让一个中年女性活出了坚定自信的美丽。

作者简介

露西小鱼，80后职场妈妈，樊登读书·一书一课撰稿人，《星星的眼睛》散文合集作者，小说创作者，企业大学教务长。

人到中年，因为孩子而改变

——跳跳妈

28岁那年，我成了妈妈。有了孩子之后，我看到了自己的贫乏，面对孩子手足无措，出了问题不知如何应对，整个人陷入一片迷茫之中。

极度痛苦之下，我想到了改变，而改变的途径就是学习。

于是，我如饥似渴地学习，从母乳喂养到心理学，从家庭教育到婚姻关系。几年时间，我考到了四个证书，内心充实了很多，面对孩子也变得游刃有余。

学得多了，就有了写的冲动。上大学前，作文一直是我的强项，后来慢慢荒废了，也成了心里的一道坎。我决定让自己重新爱上写作。

刚开始，我在简书上断断续续地写，写自己的想法，写教育孩子的心得。写不下去的时候，就看看别人的文章，给自己"打鸡血"，就在那时候，我知道了弘丹老师。当时，她已经取得了很好的成绩，是许多人的励志偶像。

在我心里，她也是我的精神榜样，于无形中鼓励着我。

2018年中期，我的写作渐渐有了起色。由于一直主攻亲子文，我的文章上稿了亲子类平台的大号——凯叔讲故事，拿到了数万元的稿费。与此同时，我也开始写听书稿，签约了两个平台，写了十几篇听书稿。

这时候，我再次遇到弘丹老师。她成立了自己的写作学院，为期一年，我毫不犹豫地加入了。这一年，我更真实地看到了弘丹老师的笔耕不辍，她的认真、勤奋、耐心和上进一直激励着我不断向前。

在她的鼓励下，我开始运营今日头条，经过几个月的努力，我的多篇文章获得了"青云计划"，本人还获得了月度优质账号，一个月光奖励金就有7200元。

同时，我还在"弘丹写作成长学院"担任点评老师，也经常作为分享嘉宾，分享自己的写作经历。

如今，我依然在写亲子文。在读书写作的同时，我更注重自身的提升，增加了陪伴孩子的时间，亲子关系也越来越好。

现在，我迎来了第二个宝贝。中年的我，借由孩子，活出了自己的新高度。

作者简介

跳跳妈，80后，两个男孩的妈妈，山东省全民阅读推广人，喜马拉雅、凯叔讲故事等多平台签约作者。相信育儿就是最好的育己，致力于和孩子一起成长，遇见更好的自己。

写作，让我忘记了年龄

——酸菜鱼夫人

我是个年近50岁的人，因为体制的原因，职业生涯已经到达了天花板。这种身不由己的境况让我有种深深的无力感，常常陷入无限的怅惘和焦虑中。

这种状况持续了三四年，直到2019年我成为"弘丹写作成长学院"的年度会员，一切都变了模样。我跟随弘丹老师学写作，找到了自己奋斗的方向，一下子，整个人浑身都轻松起来。

在写作中，我接触到了很多前沿思想、新鲜事物。思维导图、自媒体、群分享，对于我来说，都是那么新奇而又富有挑战。我努力去学习、钻研，生活一下丰富起来。我感觉自己并没有老去，反而因为这些学习，焕发了青春的神韵。

更让我欣喜的是，在弘丹老师的课程里，我终于找到了自己的写作定位——听书稿。对于逻辑思维能力强，又酷爱读书的我来说，听书稿的写作看起来就像是为我量身定做的一样。很快，我就通过弘丹老师提供的资源，先后与壹心理、樊登读书·一书一课签订了合作协议，同时还成为弘丹工作室的优质作者，有机会给多家平台定期供稿。

为了写听书稿，我一边读书一边做笔记，有的书要经过泛读、精读，重点部分甚至反复"咀嚼"。草拟大纲、绘制思维导图帮助我理清书的脉络，完成稿件的过程就是对全书做充分解读和剖析的过程。在写作过程中，我的收获远非获得稿费那么单一，更重要的是文章阅读量迅速提升，个人知识量迅速增大。

心理学一直是我的最爱。因为比较熟悉，又想着意扩充这方面的知识，我解读的书大部分是心理类的。写作时，我查阅资料，翻看相关书籍，这对我而言，也是一个复习旧知识、学习新知识的过程。我的专业知识和写作水平快速提升。

弘丹老师还邀请我做写作社群的点评老师，一年里，我点评了300多份稿件，帮助众多小伙伴爱上写作，也帮助他们实现写作变现。更为宝贵的是，我从中结交了许多志同道合的朋友。

在忙碌中，新的一年到来了，我又长了一岁。

但是，年龄已经不重要，重要的是还有许多稿子等着我写。

作者简介

酸菜鱼夫人，不断追求自我成长的70后美妈，文学学士，法学硕士。擅长听书稿的写作，文风朴实，逻辑性强，为壹心理读书会、樊登读书·一书一课等多平台签约作者。

"弘丹写作成长学院"部分作者写作成长故事

青春一二：大二学生/头条号"青云计划"获奖者

很多人在大学时都曾和我有相似的困惑吧，不知道自己热爱什么，未来会从事什么职业。因此我想在大学多折腾折腾，多尝试些不同的可能。参加弘丹老师的写作社群，让我跳出学校的一亩三分地，见识到更广博的人生，遇到更优秀的小伙伴。开始写作之后，我的阅读量大幅提升，也获得过头条号"青云计划"。

木南菌：95后研究生/头条号职场领域优质作者

2019年底，正是我最迷茫的时候，挣扎在并不适合自己的科研岗位上，又面临着即将迈入社会的压力。加入弘丹老师的写作社群，帮助我走出了迷茫。我不仅学会了写新媒体文、听书稿，养成了定期阅读、复盘的好习惯，还学会了社群运营、资料整理和点评的技能。头条号加V和原创开通后，我也走上了写作变现之路。

安安：95后高中语文教师/写作社群点评老师

我是一名刚毕业入职一年的高中语文教师。因为是新手，总是不知道如何系统辅导和点评学生的作文。所以，我报名了弘丹老师的写作社群，不仅系统地学习了写作技巧，还参加了专业的点评培训和实践。在这个过程中，我找到了自我价值，体会到为他人赋能的力量。而且，我也带动学生一起写作，师生共同成长。

艾文洱：90后新媒体主编/房产领域多个大V公众号主笔

2年前，还在实习期的我，每月拿着2540元的工资。幸运的是2017年我参加了弘丹老师的写作课，爱上了写作，并转行以写字为生，成为房产领域多个大V公众号的主笔，累计写稿超1000篇。我从零开始运营的公众号，平均阅读量2万+。因为写作，我养成了每日阅读的好习惯，收入也翻了近10倍，还找到了一生想从事的事业，终身笔耕不辍。

爱打机的妹子：90后上班族/头条号"青云计划"获奖者

我曾是一个沉迷于游戏的90后，参加弘丹老师的写作课后，我从一个写作小白走上日更之路。在大量阅读书籍、观看电影之后，我尝试影评和书评写作，阅读和写作技巧实现了质的飞跃。目前已在头条号平台变现5000元，曾在9天内连续5篇文章获得"青云计划"。

冰洁：90后培训机构讲师/终身写作践行者

2019年，我还是一个写作小白。庆幸的是，我加入了"弘丹写作成长学院"，开始了个人的"光速"成长，现在已累计写作100多万字，未来还会持续写下去。同时，我的运营能力也突飞猛进，从完全没有接触过运营，成长为训练营的运营官。我还改变了焦虑拖延的状态，成为一位行动达人。

吕小赢：85后公务员/清华大学本硕生

在体制内工作，最容易也最怕的就是掉入安逸陷阱，不再继续成长。参加弘丹老师的写作课后，我从害怕公文写作，成长为单位的笔杆子，多次获地市级调研、信息各类奖项，并且定期更新公文写作的干货文，实现了公文写作能力的跃迁，也让我在体制内更有竞争力、更有信心面对未来的挑战。

六月之家：85后哥伦比亚大学硕士/头条号"青云计划"获奖者

2019年是我步入30岁的重要转折点，在我陷于人生低谷最迷茫的时候遇到了弘丹老师，她带我通过写作扭转困境。2020年初我开始写作，多篇文章获得头条号"青云计划"。

三月：85后高校教师/社群运营官

从一个朝九晚五的高校教书匠，到弘丹写作社群的训练营负责人，不到一年时间，我从一个只会执行的运营小兵，成长为千人社群的核心运营官，锻炼了自己的统筹能力和管理能力。感谢弘丹写作社群这么好的平台，让一群有梦想的人集聚在一起，为梦想搭建成长之梯，乘风破浪，未来可期。

吴小卫：80后全职宝妈/十点读书等多平台撰稿人

因为想多陪伴孩子，我辞去银行的工作，成为一个全职宝妈。参加弘丹老师的写作课后，我成为多个知名平台的撰稿人，累计写了18本听书稿作品，在十点读书的上稿文章甚至有破百万的阅读量。持续写作与阅读，不仅帮助我科学育儿，也让我有了经济收入，更重要的是，让我重新定义自己的身份，看见人生更多的可能。

狂人先生：80后培训师/数学专业硕士

在培训行业混迹多年，自认为学历高、逻辑思维清晰，对自己的写作能力很自信，结果多次碰壁。读者说我写的文章太深奥，根本看不懂。

偶然的机会认识弘丹老师，发现她竟也是理工科毕业，瞬间有了共鸣。接着我参加了零基础写作训练营，在训练营期间就写出一篇获得"青云计划"的文章。同时，我也找到了适合自己的写作风格，有了持续写作的自信心。

容姬公主：80后企业HR高管/人力资源多家平台讲师

职场对个人的综合素质要求越来越高，在企业任职，除了过硬的专业知识和八面玲珑的情商，也需要一个人的读写说能力。参加弘丹老师的写作课后，我在头条、微博、简书上持续输出作品，也提升了自己的职场写作能力。写作帮助我探索内心的声音，点燃了我内心闪耀的灵魂。

贤芳：80后宝妈/图书编辑/多平台撰稿人

加入弘丹老师的写作成长学院，看了不少书，写了不少稿，从写作小白到听书稿上稿多个平台，包括十点读书这样的大平台，我收获满满。写作能力和逻辑能力的提升，对我的本职工作也有很大的帮助。让我最受益的，是写作本身带来的疗愈力量，让我在琐碎的生活里不至于迷失方向。

天之翼子：80后办公室文职/喜欢写作的理工男

作为一名办公室文职人员，本以为写新媒体文章很容易，但几经碰壁，才发现写作的不易。参加弘丹老师的写作课后，我上稿多篇文章，在拿到稿费的同时，也学会了快速读书的方法，从一个月读一本书到几天读一本书，我爱上了读书，也收获了写作的自信心。

初柒：80后全职宝妈/头条号"青云计划"获奖者

与弘丹老师的相遇是缘于帮孩子寻找写作素材，这场缘分让我跟随老师从零开始写作，不仅仅实现了过稿、变现和签约平台的愿望，还获得了出版散文合集的机会。通过学习，我不再自怨自艾，而是选择积极向上地生活，努力让自己活得更精彩，像老师那样，成为别人生命中的一束光。

蒲公英的呓语：70后企业主/今日头条职场领域优质作者

在上海创业16年，早已实现财务自由，但激情却在日益重复的工作中消退。我渴望改变。加入弘丹老师写作社群后，我从零开始写作，让生命重新启航。我用学到的知识在头条号努力耕耘，2个月即涨粉1.6万，4个月涨粉至2.5万；半年累计写出30多万字，100多条"10万+"爆款微头条，实现了写作变现。是弘丹老师令我化茧成蝶，飞向更广阔的天空。

薄荷花瓣雨：70后全职宝妈/前知名房企营销总监/散文合集作者

遭遇中年危机之际，我报名参加弘丹老师的写作训练营，用文字为自己和他人赋能。我多次获得优秀学员，文章上稿多平台变现，散文《最好的爱》收录于合集《拉着我的手》出版，4万字心理治愈系小说发表于付费电子书平台。我通过阅读写作找回了自我，唤醒了我的作家梦，彻底改写了人生轨迹。

任千一：70全职妈妈/多平台上稿作者

小时的写作梦想，在不经意间被弘丹老师的一篇文章激发出来。于是我果断报名写作年度会员。从此，陷入中年危机的我有了方向，不再迷茫，开始行动。学习写作三个月，我自由书写15万字，上稿多个平台，阅读近百本书，这是看得见的收获；接触新知识，养成好习惯，放大格局，改变命运，这是无形的收获。

乐观：60后退休教师/终生学习和成长者

2017年9月参加弘丹老师的写作训练营，从此开启了我的写作之旅。因为写作，我顺利实现了角色转变，由职场回归家庭，全职照顾老人和孩子。我用文字记录照顾老人的注意事项，总结婆媳和睦相处的心得，用文字和图片记录孙女的成长。

我在简书参加日更挑战，成为日更达人；头条号和百家号均已过原创。退休两年多，我书写50余万字，发表文章750余篇，发布视频50余个。

写作丰富了我的退休生活，让我找到了新的人生使命——终生学习，终身成长。

爱上写作，一生笔耕不辍。
精进写作，实现写作梦想。